DISCLAIMER

The author and publisher are providing this book and its contents on an "as is" basis and make no representations or warranties of any kind with respect to this book or its contents. The author and publisher disclaim all such representations and warranties, including but not limited to warranties of merchantability. In addition, the author and publisher do not represent or warrant that the information accessible via this book is accurate, complete, or current.

Except as specifically stated in this book, neither the author nor publisher, nor any authors, contributors, or other representatives will be liable for damages arising out of or in connection with the use of this book. This is a comprehensive limitation of liability that applies to all damages of any kind, including (without limitation) compensatory; direct, indirect, or consequential damages; loss of data, income, or profit; loss of or damage to property; and claims of third parties.

BESTACTIVITYBOOKS.COM

FIRST EDITION - Published 2022

Extra Graphic Material From: www.freepik.com
Thanks to: Alekksall, Starline, Pch.vector, Rawpixel.com, Vectorpocket, Dgim-studio, Upklyak, Macrovector, Stockgiu, Pikisuperstar & Freepik.com Designers

This Book Comes With Free Bonus Puzzles

Available Here:

BestActivityBooks.com/WSBONUS20

5 TIPS TO START!

1) HOW TO SOLVE

The Puzzles are in a Classic Format:

- Words are hidden without breaks (no spaces, dashes, ...)
- Orientation: Forward & Backward, Up & Down or in Diagonal (can be in both directions)
- Words can overlap or cross each other

2) ACTIVE LEARNING

To encourage learning actively, a space is provided next to each word to write down the translation. The **DICTIONARY** allows you to verify and expand your knowledge. You can look up and write down each translation, find the words in the Puzzle then add them to your vocabulary!

3) TAG YOUR WORDS

Have you tried using a tag system? For example, you could mark the words which have been difficult to find with a cross, the ones you loved with a star, new words with a triangle, rare words with a diamond and so on...

4) ORGANIZE YOUR LEARNING

We also offer a convenient **NOTEBOOK** at the end of this edition. Whether on vacation, travelling or at home, you can easily organize your new knowledge without needing a second notebook!

5) FINISHED?

Go to the bonus section: **MONSTER CHALLENGE** to find a free game offered at the end of this edition!

Want more fun and learning activities? It's Fast and Simple! An entire Game Book Collection just one click away!

Find your next challenge at:

BestActivityBooks.com/MyNextWordSearch

Ready, Set... Go!

Did you know there are around 7,000 different languages in the world? Words are precious.

We love languages and have been working hard to make the highest quality books for you. Our ingredients?

A selection of indispensable learning themes, three big slices of fun, then we add a spoonful of difficult words and a pinch of rare ones. We serve them up with care and a maximum of delight so you can solve the best word games and have fun learning!

Your feedback is essential. You can be an active participant in the success of this book by leaving us a review. Tell us what you liked most in this edition!

Here is a short link which will take you to your order page.

BestBooksActivity.com/Review50

Thanks for your help and enjoy the Game!

Linguas Classics Team

1 - Antiques

ष	ठ	न	न	◌ी	ल	◌ा	म	◌ी	स	क	ञ	प	अ
फ	ध	◌ि	ढ	प	ग	◌ी	भ	व	◌ु	ल	ऊ	इ	स
ण	र	व	ढ	छ	◌ु	ग	◌ै	ऊ	र	◌ा	स	ड	◌ा
◌ं	ब	◌े	श	छ	ण	◌ै	श	श	◌ु	प	◌ि	य	म
◌ो	ट	श	य	ऊ	व	ल	ब	ल	च	◌ु	क	ल	◌ा
क	◌ी	म	त	र	त	र	व	◌ा	◌ि	र	◌्	व	न
श	व	स	प	च	◌्	◌ी	प	क	प	◌ा	क	◌ि	◌्
द	◌ा	श	श	न	त	ख	ड	त	◌ू	न	◌े	श	य
न	ज	थ	ल	◌ी	◌ा	ह	ब	◌ि	र	◌ा	स	◌्	ण
च	स	फ	ह	◌्	ऊ	छ	ह	र	◌्	भ	ग	व	त
स	द	◌ी	व	र	इ	ञ	ग	◌्	ण	ह	व	स	व
य	ख	आ	छ	फ	ध	आ	भ	◌ू	ष	ण	ए	न	ह
म	◌ू	ल	◌्	य	इ	ख	इ	म	आ	श	श	◌ी	ग
छ	ह	म	प	न	ष	थ	य	ऊ	घ	ड	ख	य	ड

कला
नीलामी
विश्वसनीय
सदी
सिक्के
दशकों
सजावटी
सुरुचिपूर्ण
फर्नीचर
गैलरी
निवेश
आभूषण
पुराना
कीमत
गुणवत्ता
बहाली
मूर्तिकला
शैली
असामान्य
मूल्य

2 - Food #1

ऊ	ठ	श	ग	ञ	म	ग	द	ख	थ	य	ड	ठ	स
म	ऊ	ए	स	ट	ण	ब	◌ा	◌ौ	◌ु	ख	थ	व	आ
◌ूं	प	◌्	य	◌ा	ज	द	ल	ज	ढ	ब	द	श	ठ
◌	ट	◌ू	न	◌ा	ग	◌ू	स	द	र	◌ूं	◌ा	घ	आ
ग	इ	न	ण	छ	द	ध	◌ी	◌ा	◌ी	◌ं	ए	न	प
फ	स	◌ा	म	ह	ष	ब	ल	ल	ब	◌ी	ण	ख	◌ी
ल	◌ू	श	ध	ग	ग	श	◌ु	च	◌े	न	उ	न	प
◌ी	प	प	घ	न	म	क	त	◌ी	र	ण	व	आ	घ
आ	भ	◌ा	ठ	◌ु	च	ट	प	न	◌ॉ	ग	र	ञ	ख
ट	इ	त	प	स	र	◌ी	ख	◌ी	ट	र	ग	फ	प
ण	त	◌ी	ञ	ह	इ	छ	न	ञ	◌्	प	◌ा	ल	क
आ	ढ	र	आ	ल	ढ	ढ	ञ	◌ी	◌्	घ	ढ	र	आ
ए	ड	ब	ञ	र	उ	श	ण	ग	स	श	ल	ज	म
ण	ट	स	ठ	फ	न	भ	ब	ग	ग	आ	ड	र	घ

खुबानी
जौ
तुलसी
गाजर
दालचीनी
लहसुन
रस
नींबू
दूध
प्याज

मूंगफली
नाशपाती
सलाद
नमक
सूप
पालक
स्ट्रॉबेरी
चीनी
टूना
शलजम

3 - Measurements

ड	उ	न	य	फ	ञ	य	ग	ख	प	व	ए	आ	क
द	◌ि	र	थ	ब	ण	म	ब	ट	ञ	द	र	य	◌ि
ञ	ग	ग	व	ज	न	◌ि	र	इ	छ	इ	ग	त	ल
ल	त	ञ	◌्	ढ	ट	न	व	◌ा	भ	ह	ठ	न	◌ो
◌ं	ल	ड	ल	र	उ	ट	छ	ब	◌्	ठ	ण	त	म
ब	थ	ल	र	ट	◌ी	ल	द	ढ	छ	ग	द	इ	◌ी
◌ा	इ	ण	न	म	र	◌ा	ग	◌्	ल	◌ो	◌ि	क	ट
ई	◌ं	उ	ढ	◌ी	ग	द	श	म	ल	व	ऊ	म	र
स	च	द	इ	ट	ण	ह	इ	ह	ए	य	म	य	प
ह	द	व	ट	◌ी	ग	उ	र	ण	श	आ	◌ी	ल	ब
च	भ	ब	भ	◌ं	म	द	प	◌ा	न	छ	ट	प	ल
फ	फ	ह	आ	◌े	ब	ऊ	ष	ट	ई	घ	र	स	द
भ	ञ	ध	प	स	◌ा	म	ऊ	◌ं	च	◌ा	ई	ल	स
त	ख	य	औ	◌ं	स	च	◌ौ	ड	◌़	◌ा	ई	ग	ष

बाइट
सेंटीमीटर
दशमलव
डिग्री
गहराई
ग्राम
ऊंचाई
इंच
किलोग्राम
किलोमीटर
लंबाई
लीटर
मास
मीटर
मिनट
औंस
टन
आयतन
वजन
चौड़ाई

4 - Farm #2

फ	फ	र	ल	ग	छ	उ	न	ई	क	म	भ	स	घ
म	ल	ष	प	◌े	घ	य	ग	ख	◌ि	इ	◌ो	◌ि	◌ा
ख	◌े	म	च	ह	थ	घ	ठ	स	स	घ	ज	◌ं	स
ट	ग	म	ढ	◌ृ	च	ख	त	ब	◌ा	ए	न	च	क
ण	◌्	थ	न	◌	ग	ल	छ	ल	न	ध	इ	◌ा	◌ा
च	न	र	उ	◌ा	ञ	◌ि	ढ	ध	य	य	स	ई	म
र	त	◌ो	◌ै	उ	ट	ह	ञ	श	◌ा	छ	श	श	◌ै
व	न	◌ं	प	क	ल	◌ा	ध	◌ू	द	भ	ठ	न	द
◌ा	ञ	व	प	क	◌्	न	न	न	◌्	◌े	फ	द	◌ा
ह	ऊ	न	ब	ऊ	◌ा	ट	ट	ष	◌ो	ड	ऊ	स	न
◌ा	म	◌ा	श	न	ञ	ह	र	ख	ल	◌़	स	ल	र
ब	ज	ज	◌ी	◌्	ब	स	◌ु	र	फ	घ	ए	◌ा	द
त	◌ौ	ट	घ	आ	छ	इ	भ	आ	ह	ञ	ड	म	ट
ग	ब	छ	ड	र	ए	उ	उ	ञ	प	ट	त	◌ा	व

जानवरों
जौ
खलिहान
मकई
बतख
किसान
भोजन
फल
सिंचाई
मेमना
लामा
घास का मैदान
दूध
फलोद्यान
पका हुआ
भेड़
चरवाहा
ट्रैक्टर
सब्जी
गेहूँ

5 - Books

प	व	ल	श	य	क	थ	◌ा	व	◌ा	च	क	द	स
◌्	◌ि	◌ि	ग	आ	ह	ग	ष	र	ठ	व	ञ	ख	◌ा
र	न	ख	ह	व	द	◌्	व	◌ं	◌्	द	आ	ण	ह
◌ा	◌ो	◌ि	द	◌ि	म	ह	◌ा	क	◌ा	व	◌्	य	◌ि
स	द	त	ठ	ष	◌्	◌ृ	प	प	◌ा	ठ	क	ञ	त
◌ं	◌ी	ट	च	◌्	भ	ट	त	श	द	प	ञ	ध	◌्
ग	ऊ	फ	ठ	क	स	◌ा	ह	स	◌ि	क	य	ञ	य
◌ि	भ	ड	ग	◌ा	स	श	ल	क	व	◌ि	त	◌ा	◌ि
क	ब	य	ए	र	थ	◌ि	◌ृ	◌े	प	न	य	स	क
ढ	फ	छ	प	श	भ	ग	ह	◌ं	ख	आ	ञ	◌ं	ण
इ	घ	भ	न	◌ी	◌ा	ह	क	◌ा	ख	क	य	द	द
ट	त	ञ	स	ल	फ	ए	भ	आ	◌ि	ल	ग	र	◌ु
उ	प	न	◌्	य	◌ा	स	स	ग	स	त	◌ा	◌्	ख
य	आ	ट	स	◌ं	ग	◌्	र	ह	ड	त	ऐ	भ	द

साहसिक
लेखक
संग्रह
संदर्भ
द्वंद्व
महाकाव्य
ऐतिहासिक
विनोदी
आविष्कारशील
साहित्यिक

कथावाचक
उपन्यास
पृष्ठ
कविता
पाठक
प्रासंगिक
शृंखला
कहानी
दुखद
लिखित

6 - Meditation

द	ट	इ	द	द	व	त	◌ि	क	◌ृ	र	◌्	प	स
ष	य	आ	य	◌ं	ए	श	◌ा	◌ं	त	च	ण	र	◌्
व	ष	◌ा	◌ा	◌े	◌ँ	ण	ठ	ढ	श	◌ा	ढ	◌ि	प
छ	ञ	र	ल	त	न	ञ	ऊ	द	◌्	◌ि	ञ	प	ष
त	च	ए	◌ु	द	◌ा	म	य	म	व	व	ब	◌्	◌्
ग	ग	ध	त	आ	व	ञ	न	◌ौ	◌ा	ब	श	र	ट
◌ी	र	य	◌ा	ण	◌ा	य	ज	न	स	भ	◌ा	◌े	त
◌ं	आ	म	छ	त	भ	ख	त	◌्	ब	ण	◌ं	क	◌ा
स	◌्	व	◌ी	क	◌ृ	त	◌ि	द	त	ग	त	◌्	य
छ	ट	श	द	ठ	घ	ढ	ध	च	छ	◌ृ	◌ि	ष	ठ
ठ	प	ट	ग	त	स	म	◌ा	न	स	◌ि	क	◌्	ध
आ	इ	ञ	प	त	ग	प	ग	ए	इ	त	ए	य	ख
उ	ख	च	ह	ऊ	ल	इ	फ	ढ	ट	ग	◌ा	ज	ष
स	ड	ध	◌्	य	◌ा	न	प	उ	य	त	ष	छ	ञ

स्वीकृति
ध्यान
जाग
श्वास
शांत
स्पष्टता
दया
भावनाएँ
कृतज्ञता
आदतें

दयालुता
मानसिक
मन
गति
संगीत
प्रकृति
शांति
परिप्रेक्ष्य
मौन
विचार

7 - Days and Months

ग	न	उ	अ	उ	त	ब	ण	स	श	प	ष	ष	म
◌ु	ढ	ग	ञ	ग	ढ	भ	ढ	◌ि	म	◌ा	र	◌्	च
र	च	द	उ	भ	स	श	श	त	ध	ह	श	र	व
◌ू	ण	ह	म	ट	ञ	◌्	ह	◌ं	ए	ट	म	ष	ञ
व	स	◌ो	म	व	◌ा	र	त	ब	प	आ	स	प	◌ी
◌ा	ब	◌ु	ध	व	◌ा	र	◌ा	र	व	◌ा	◌ि	व	र
र	ल	व	क	श	◌ु	क	◌्	र	व	◌ा	र	ब	व
ठ	द	र	द	◌ै	ई	म	प	य	ल	घ	ब	ण	र
श	श	◌्	फ	य	ल	ठ	स	य	ढ	ब	◌ं	ड	फ
आ	न	ष	म	फ	◌ा	◌े	म	◌ं	ग	ल	व	◌ा	र
ल	◌ा	◌ि	ब	ञ	◌ु	स	◌ं	व	स	श	न	व	स
ठ	◌ी	र	व	न	ज	थ	त	ड	ख	ड	ठ	न	त
भ	ह	थ	इ	◌ा	आ	उ	ब	ल	र	◌ै	◌्	प	अ
ञ	म	य	ह	छ	र	ब	ट	◌ू	◌्	क	अ	थ	ध

अप्रैल
अगस्त
कैलेंडर
फरवरी
शुक्रवार
जनवरी
जुलाई
मार्च
सोमवार
महीना

नवंबर
अक्टूबर
शनिवार
सितंबर
रविवार
गुरूवार
मंगलवार
बुधवार
सप्ताह
वर्ष

8 - Energy

ड	न	प	म	◌ा	म	र	क	◌्	◌्	त	उ	छ	ग
◌ी	◌ा	◌्	ह	ग	◌ै	स	◌ो	ल	◌ी	न	ष	प	ऊ
ज	भ	र	इ	◌ा	व	ह	ट	उ	द	◌्	य	◌ो	ग
ल	◌ि	द	आ	ल	इ	ल	न	र	◌ी	ट	◌ै	ब	स
ब	क	◌ू	ण	घ	◌े	ड	प	न	ब	र	◌्	◌ा	क
ल	◌ी	ष	उ	त	ग	क	◌्	ए	प	◌ा	फ	घ	ब
फ	य	ण	ठ	आ	म	◌ी	◌्	र	ग	आ	इ	ह	◌ि
प	र	◌्	य	◌ा	व	र	ण	ट	◌ो	ऊ	च	न	ज
अ	क	◌्	ष	य	फ	ए	ञ	◌ो	◌्	ज	ह	ज	ल
घ	ढ	र	थ	ष	घ	र	ड	म	ब	र	न	◌ं	◌ी
च	ल	य	फ	ष	ण	न	र	च	ल	आ	◌ॉ	इ	य
थ	ध	घ	फ	◌ो	ट	◌ो	न	ध	◌ं	ई	र	न	ड
ष	छ	स	ए	ढ	उ	द	च	ञ	उ	ग	घ	ट	ल
ष	न	व	आ	य	ख	त	ठ	ष	उ	ध	ट	ष	प

बैटरी
कार्बन
डीजल
बिजली
इलेक्ट्रॉन
इंजन
उत्क्रम-माप
पर्यावरण
ईंधन
गैसोलीन

गर्मी
हाइड्रोजन
उद्योग
मोटर
नाभिकीय
फोटोन
प्रदूषण
अक्षय
टरबाइन
हवा

9 - Chess

भ	ए	ड	प	ख	◌ि	ल	◌ा	ड	◌़	◌ी	इ	घ	ड
र	फ	त	आ	◌्	ल	भ	अ	न	श	श	फ	ध	प
ख	य	ठ	ख	आ	र	ख	◌ं	आ	ढ	द	श	ट	भ
र	ण	न	◌ी	त	◌ि	त	क	छ	ग	ल	ख	◌े	ल
ट	ख	◌ी	य	◌ो	◌ं	त	◌ि	न	◌ौ	◌ु	च	स	च
र	◌ू	◌ा	ष	ञ	इ	ष	ख	य	च	द	ग	फ	त
ठ	◌ा	र	ष	घ	फ	र	द	छ	◌ो	न	ग	◌े	◌ु
थ	व	ज	◌्	स	म	य	आ	भ	ट	ग	प	द	र
श	◌ि	स	◌ा	न	य	प	◌ि	◌ं	◌ै	च	◌ि	व	न
ढ	क	घ	च	द	◌ा	न	र	ल	ढ	ण	आ	त	श
क	र	थ	श	◌ा	ए	म	व	◌ि	र	◌ो	ध	◌ी	◌ा
◌ा	◌्	न	ठ	◌ि	ठ	फ	◌े	घ	ढ	त	ख	ञ	ए
ल	ण	ध	भ	ल	द	छ	प	◌ं	ड	य	स	ग	स
◌ा	न	आ	इ	ब	ण	स	आ	ढ	ट	न	◌ि	य	म

काला
चुनौतियों
चैंपियन
चतुर
प्रतियोगिता
विकर्ण
खेल
राजा
विरोधी

खिलाड़ी
अंक
रानी
नियम
बलिदान
रणनीति
समय
टूर्नामेंट
सफेद

10 - Archeology

त	श	म	श	◌्	व	◌ा	◌ी	ज	य	ख	ग	ब	र
इ	इ	◌ू	ह	द	ध	न	ग	व	प	प	ख	म	ह
इ	भ	ल	ड	श	प	◌ु	र	◌ा	त	न	त	◌ा	स
ए	घ	◌्	◌्	ए	◌ो	ट	श	थ	ध	उ	◌ा	आ	◌्
व	प	य	ड	ञ	व	ध	◌ु	ट	थ	द	य	व	य
◌ि	◌्	◌ा	◌ि	ज	स	घ	क	क	ब	इ	◌्	ढ	फ
श	र	◌ं	य	◌्	◌्	◌े	य	र	ड	ल	भ	ए	इ
◌्	◌ा	क	◌ो	ष	त	र	◌ा	◌ु	◌्	◌़	स	ध	थ
ल	च	न	◌ं	श	◌ु	ब	द	म	ग	त	◌े	ट	स
◌े	◌ी	प	ढ	◌े	ओ	क	◌ि	स	उ	ख	◌ा	व	ण
ष	न	र	द	◌ि	◌ं	म	ल	अ	न	ज	◌ा	न	द
ण	ज	श	◌ं	व	ष	ट	◌ा	उ	ड	ग	ट	ब	श
म	ठ	य	ण	ग	ग	प	◌ु	ह	प	उ	◌ी	भ	म
अ	व	श	◌े	ष	श	ग	भ	उ	त	फ	म	आ	स

विश्लेषण
प्राचीन
पुरातनता
हड्डियों
सभ्यता
वंशज
युग
मूल्यांकन
विशेषज्ञ
भुला दिया

जीवाश्म
टुकड़े
रहस्य
वस्तुओं
अवशेष
शोधकर्ता
टीम
मंदिर
मकबरे
अनजान

11 - Food #2

स	ञ	स	स	ल	ठ	म	ग	े	ह	ू	ॅ	श	ह
द	ठ	य	े	त	ऊ	म	श	ध	ञ	ध	क	ल	ब
म	ल	प	ब	द	र	र	उ	र	ब	ञ	े	ब	ष
उ	व	म	र	श	ह	अ	त	श	ू	य	ल	द	घ
ह	ा	थ	ी	च	क	ै	ं	त	ट	म	ा	च	व
फ	च	ग	े	ह	स	म	म	ड	य	घ	ध	ि	घ
आ	च	ठ	च	प	प	च	र	ट	ा	म	ट	क	ह
ब	घ	ऊ	इ	थ	ठ	भ	ण	फ	ब	त	ग	न	आ
ठ	आ	ड	त	ठ	छ	इ	प	ऊ	ै	द	ठ	श	द
स	ठ	ढ	ड	ख	य	ऊ	क	स	ं	व	ठ	त	ह
च	ॉ	क	ल	े	ट	ञ	ी	र	ग	ू	ं	अ	ी
अ	ज	व	ा	इ	न	ध	व	ढ	न	म	छ	ल	ी
ल	उ	न	ण	व	न	र	ी	न	प	य	न	न	च
ख	ब	्	र	ो	क	ो	ल	ी	न	ग	ऊ	इ	थ

सेब
हाथी चक
केला
ब्रोकोली
अजवाइन
पनीर
चेरी
चिकन
चॉकलेट
अंडा
बेंगन
मछली
अंगूर
हैम
कीवी
मशरूम
चावल
टमाटर
गेहूँ
दही

12 - Chemistry

क	ण	ड	ख	थ	ञ	भ	ऊ	थ	भ	उ	न	क	ब
म	◌ा	आ	य	न	व	श	य	र	◌ी	ष	◌ा	◌्	क
न	ल	र	त	ह	य	ज	उ	न	ध	फ	भ	ल	च
भ	घ	ख	◌्	भ	य	म	न	च	ल	च	◌ि	◌ो	ण
भ	ड	ष	आ	ब	ए	◌ं	ज	◌ा	इ	म	क	र	द
ब	ए	स	◌ि	ड	न	स	म	ग	ण	ट	◌ी	◌ी	द
उ	ब	ष	इ	घ	न	◌ि	ख	ह	◌ु	फ	य	न	व
ऑ	क	◌्	स	◌ी	ज	न	क	त	◌ा	प	म	◌ा	न
ह	◌ा	इ	ड	◌्	र	◌ो	ज	न	म	ख	◌ी	भ	ठ
क	◌ा	र	◌्	ब	न	श	घ	ट	र	ट	◌्	व	आ
ष	अ	ण	◌ु	ढ	इ	ड	ग	आ	प	ष	र	ष	त
उ	त	◌्	प	◌्	र	◌े	र	क	स	◌ै	ग	ए	व
ऊ	व	म	उ	व	प	उ	ध	ह	व	ण	स	स	इ
इ	ल	◌े	क	◌्	ट	◌्	र	◌ॉ	न	प	श	ठ	म

एसिड
क्षारीय
परमाणु
कार्बन
उत्प्रेरक
क्लोरीन
इलेक्ट्रॉन
एंजाइम
गैस
गर्मी
हाइड्रोजन
आयन
तरल
अणु
नाभिकीय
कार्बनिक
ऑक्सीजन
नमक
तापमान
वजन

13 - Music

ग	र	प	घ	र	श	न	आ	र	प	फ	ढ	ग	स
द	य	य	ए	ञ	ल	◌ा	त	ब	ग	उ	ऊ	◌ा	◌ु
य	श	द	त	न	ध	◌ा	स	फ	क	क	म	थ	स
ड	ञ	ड	ल	स	र	ग	र	◌्	म	म	न	◌ा	◌ं
ओ	इ	ड	ढ	ञ	ऊ	ञ	◌ो	र	त	त	फ	ग	ग
घ	प	म	ढ	ब	व	थ	क	◌ि	◌्	◌्	◌ो	◌ी	त
स	ध	◌े	स	◌ं	ग	◌ी	त	क	य	त	र	त	ए
ध	◌ं	ञ	र	ग	ह	ड	ए	◌ॉ	◌ा	◌ा	◌ो	◌ी	छ
ट	ए	ग	ख	◌ा	छ	न	ल	र	व	◌ी	क	द	य
ड	भ	ह	◌ी	र	त	ढ	◌्	◌्	◌्	ग	◌्	त	र
ए	ब	भ	च	त	ण	ए	ब	ड	◌ा	ग	इ	ब	र
स	◌्	व	र	ख	क	ट	म	◌ि	क	य	◌ा	ग	थ
स	द	◌्	भ	◌ा	व	◌ा	म	◌ं	आ	ऊ	म	ढ	र
त	◌ा	ल	ब	द	◌्	ध	र	ग	ड	ख	ग	ण	श

एल्बम
गाथागीत
कोरस
शास्त्रीय
सुसंगत
सद्भाव
साधन
गीतात्मक
राग
माइक्रोफोन

संगीत
संगीतकार
ओपेरा
काव्यात्मक
रिकॉर्डिंग
ताल
तालबद्ध
गाना
गायक
स्वर

14 - Family

प	आ	र	ह	उ	ड	स	ट	ब	छ	भ	घ	न	ण
म	◌ै	ण	ए	त	च	◌ा	◌्	च	ब	स	थ	ध	ध
ग	श	त	ठ	ज	◌ा	◌ी	त	भ	ई	उ	छ	त	इ
ट	ञ	ज	◌ृ	स	च	द	◌ा	द	◌ा	इ	श	च	ध
द	च	◌ी	ध	क	◌ी	प	त	◌ि	भ	ण	ऊ	च	ठ
न	ल	◌ी	उ	ड	ष	ड	श	द	ह	च	ड	◌े	फ
प	◌ि	त	◌ा	न	र	म	ष	ह	फ	भ	◌ा	र	स
च	ञ	भ	ब	◌े	ट	◌ी	प	इ	ढ	आ	र	◌ा	छ
ब	ड	र	ठ	स	ष	द	◌ो	घ	म	इ	त	भ	च
ए	ह	ब	च	◌्	च	◌े	त	◌ृ	◌ा	म	प	◌ा	थ
आ	ष	न	म	◌ा	◌ं	प	◌ा	ए	द	फ	ष	ई	ष
द	य	ब	◌ी	व	◌ी	फ	फ	ए	ख	ख	ण	म	न
फ	फ	इ	आ	ञ	ख	घ	प	◌ू	र	◌्	व	ज	ण
आ	ष	ए	ख	च	घ	ल	इ	न	ए	ढ	ण	ड	त

पूर्वज
चाची
भाई
बच्चा
बचपन
बच्चे
चचेरा भाई
बेटी
पिता
दादा
पोता
पति
मातृ
मां
भतीजा
भतीजी
पैतृक
बहन
चाचा
बीवी

15 - Farm #1

ण	त	ऊ	श	ष	स	घ	ए	थ	व	श	घ	ण	य
ऊ	य	ख	श	ख	च	◌ा	ध	ग	ष	र	ह	स	छ
प	◌ा	◌़	ड	छ	ब	स	त	घ	द	ग	ट	द	र
ट	ग	उ	प	आ	◌ौ	क	आ	च	ख	ढ	थ	ऊ	भ
उ	र	◌्	व	र	क	न	र	ल	◌ा	त	उ	ठ	ठ
घ	◌ो	ड	◌़	◌ा	आ	ञ	ज	◌ी	ब	व	छ	ड	छ
क	◌ृ	ष	◌ि	ग	ड	न	न	ल	ए	उ	ल	ढ	ब
ट	त	व	त	◌े	ख	◌ी	क	◌्	म	◌ु	ध	म	◌ा
प	◌ा	य	ञ	ध	घ	◌ा	◌ि	◌ि	ष	श	ष	फ	ड
प	त	ख	ल	ए	ट	प	च	ब	फ	य	ढ	ग	◌़
इ	◌्	छ	ण	ह	ण	व	छ	य	फ	म	ग	प	ञ
झ	◌ु	◌ं	ड	उ	ट	य	च	ब	ऊ	उ	प	ट	प
ध	क	म	न	द	न	ल	ध	ख	उ	ट	इ	ऊ	ठ
ट	भ	ढ	ए	स	ख	र	त	ष	न	प	उ	थ	ह

कृषि
मधुमक्खी
बछड़ा
बिल्ली
चिकन
गाय
कौआ
कुत्ता
गधा
बाड़

उर्वरक
खेत
झुंड
बकरी
घास
शहद
घोड़ा
चावल
बीज
पानी

16 - Camping

क	झ	ध	भ	उ	थ	घ	ध	उ	ल	इ	ग	ग	स
◌े	ब	◌ू	◌ं	त	ष	ध	ण	न	ष	ठ	ञ	ग	द
ब	ख	व	ल	न	क	◌्	श	◌ा	भ	ट	ड	ष	ब
◌ि	भ	प	य	◌ा	च	◌ा	◌ॅ	द	ड	◌ो	◌ं	ग	◌ी
न	स	इ	ह	ऊ	ठ	द	ठ	ञ	ख	उ	ऊ	उ	ख
श	क	◌ी	ट	◌ा	न	ढ	ल	भ	झ	◌ी	ल	ढ	श
◌ि	म	ज	◌़	◌ा	ड	इ	ट	◌ो	प	◌ी	आ	ग	य
क	स	◌ि	ह	◌ा	स	◌़	फ	व	ष	इ	घ	स	ष
◌ा	ए	आ	इ	प	च	य	ट	प	श	इ	थ	आ	ए
र	◌ो	◌ं	व	न	◌ा	ज	न	म	र	स	◌्	स	◌ी
क	प	◌े	ड	◌़	र	प	◌्	र	क	◌ृ	त	◌ि	ग
र	म	व	न	छ	ढ	व	ब	ब	य	ण	य	घ	फ
न	ए	म	त	घ	ड	व	न	ठ	ग	फ	ब	व	ए
◌ा	म	ठ	द	◌ि	क	◌्	स	◌ू	च	क	ड	ष	ष

साहासिक
जानवरों
केबिन
डोंगी
दिक्सूचक
आग
वन
मज़ा
झूला
टोपी
शिकार करना
कीट
झील
नक्शा
चाँद
पहाड़
प्रकृति
रस्सी
तंबू
पेड़

17 - Algebra

ञ	ष	ढ	म	य	य	छ	ञ	इ	म	ह	उ	र	र
घ	स	ञ	स	र	आ	र	ध	ब	◌ै	ए	प	ट	◌े
ण	भ	म	थ	म	ए	श	व	ख	ट	ड	ड	ध	ख
छ	र	ण	ट	फ	◌ी	म	न	श	◌्	म	ड	म	◌ी
फ	म	ह	घ	न	व	क	थ	उ	र	य	त	आ	य
अ	न	◌ं	त	म	आ	र	र	च	◌ि	◌ा	व	र	न
छ	ठ	ब	ध	ब	द	◌ा	◌ा	ण	क	ख	◌ि	◌े	◌्
स	स	◌ं	क	ट	स	क	त	आ	◌्	◌्	भ	ख	◌ू
व	◌ू	आ	ग	उ	च	ठ	◌्	घ	स	◌ं	◌ा	प	श
म	फ	त	घ	च	न	ध	◌ा	◌ा	म	स	ज	आ	व
क	ठ	ष	◌्	◌ो	क	र	म	◌ू	ब	न	न	ञ	श
अ	◌ं	श	फ	र	◌ा	◌्	ग	व	झ	ध	ग	फ	छ
ध	घ	भ	उ	ए	घ	ट	◌ा	व	भ	ख	ण	उ	स
प	◌्	र	त	◌ि	प	◌ा	द	क	इ	त	इ	फ	फ

आरेख
विभाजन
समीकरण
प्रतिपादक
कारक
झूठा
सूत्र
अंश
ग्राफ
अनंत
रेखीय
मैट्रिक्स
संख्या
कोष्ठक
संकट
मात्रा
समाधान
घटाव
चर
शून्य

18 - Numbers

भ	स	श	ग	ख	य	न	उ	द	ष	थ	ख	ण	इ
न	ब	च	घ	त	ष	ए	ह	स	ठ	य	भ	इ	छ
ड	थ	श	त	र	च	छ	स	थ	म	त	अ	ए	न
य	ल	ऊ	◌े	च	स	न	◌ी	◌्	न	उ	ठ	आ	द
ढ	म	ध	र	त	ञ	◌ो	र	ध	ष	श	◌ा	आ	◌ो
ब	◌ी	स	ह	स	श	व	ल	म	श	द	र	◌ा	च
उ	ऊ	म	ह	श	ग	म	श	ह	य	आ	ह	ढ	ग
ड	ण	ए	छ	ट	आ	ढ	ह	र	ञ	ट	द	न	ध
इ	ढ	ख	ऊ	भ	फ	भ	ढ	द	ष	ट	◌ौ	ए	ल
स	श	ण	य	थ	प	ए	ढ	◌्	घ	त	च	छ	क
ढ	त	व	ए	ल	च	स	छ	◌ं	उ	ऊ	ड	ह	प
य	उ	◌्	र	ठ	उ	ह	श	प	न	◌ौ	ह	भ	ण
ग	म	भ	र	आ	आ	स	ए	उ	त	◌ी	न	म	आ
प	◌ा	◌ं	च	ह	र	◌ा	ब	स	◌ा	त	श	ब	र

दशमलव
आठ
अठारह
पंद्रह
पांच
चार
चौदह
नौ
उन्नीस
एक
सात
सत्रह
छह
सोलह
दस
तेरह
तीन
बारह
बीस
दो

19 - Spices

स	ण	द	ऊ	ध	म	व	छ	ह	ढ	इ	उ	ध	स
◌्	व	◌ा	◌़	ड	क	न	घ	अ	ऊ	उ	ण	ख	प
व	स	ल	ऊ	प	ष	◌ी	ग	ह	द	द	प	थ	◌्
◌ा	◌ौ	च	ष	ध	य	ल	◌ं	त	ण	र	ड	म	य
द	◌ं	◌ी	ष	म	ट	◌ा	◌ौ	त	ब	द	क	ष	◌ा
ऊ	फ	न	ज	◌ा	य	फ	ल	ल	ह	स	◌ु	न	ज
म	इ	◌ी	आ	उ	◌ा	थ	स	र	ञ	छ	घ	प	ढ
थ	◌ि	आ	ढ	ञ	◌ि	ए	◌ी	ढ	ब	इ	छ	◌ा	त
प	र	ठ	त	ब	न	ठ	क	◌े	स	र	ह	य	इ
ख	श	च	◌ा	प	ध	ह	म	थ	म	च	च	◌्	ल
ज	◌ी	र	◌ा	ई	उ	ग	न	स	र	घ	ठ	द	◌ा
न	र	◌्	ए	श	म	ष	र	ल	ब	म	भ	न	य
स	क	◌ि	भ	श	त	ब	य	ण	स	ध	घ	ध	च
इ	ढ	म	त	ट	ष	स	श	ए	ऊ	म	ख	स	◌ी

कड़वा
इलायची
दालचीनी
लौंग
धनिया
जीरा
करी
सौंफ
मेथी
स्वाद
लहसुन
अदरक
नद्यपान
जायफल
प्याज़
मिर्च
केसर
नमक
मिठाई
वनीला

20 - Universe

आ	क	◌ा	श	र	◌ा	श	ि◌	ए	द	ढ	ध	क	क
स	◌ं	क	◌्	र	◌ा	◌ं	त	ि◌	◌ँ	व	र	◌्	◌्
ख	ग	◌ो	ल	व	ि◌	ज	◌्	ञ	◌ा	न	◌ी	ष	ष
घ	◌ा	इ	ए	द	म	द	स	स	च	ग	क	ि◌	◌ु
छ	ग	श	श	म	ड	ए	आ	◌ौ	ट	◌ो	क	त	द
इ	◌ं	व	द	◌ू	र	ब	◌ी	न	र	ल	◌्	ि◌	◌्
य	श	◌ी	◌ा	क	आ	द	ञ	ट	ख	◌ा	ष	ज	र
ब	◌ा	प	श	य	ह	घ	◌ृ	भ	ऊ	र	◌ा	ठ	ग
क	क	ि◌	◌ौ	ल	◌ु	ध	ञ	श	प	◌्	स	म	◌्
ढ	आ	ड	ट	र	श	म	व	ब	◌्	ध	उ	ण	र
अ	क	◌्	ष	◌ा	◌ं	श	◌ं	य	ल	य	ग	र	ह
ठ	ल	प	प	म	उ	उ	ए	ड	क	ट	म	स	आ
अ	◌ं	ध	◌े	र	◌ा	ण	द	र	ल	व	उ	◌ा	ट
ख	ग	◌ो	ल	व	ि◌	ज	◌्	ञ	◌ा	न	स	ह	न

क्षुद्रग्रह
खगोल विज्ञानी
खगोल विज्ञान
वायुमंडल
आकाशीय
लौकिक
अंधेरा
कल्प
आकाशगंगा
गोलार्ध
क्षितिज
अक्षांश
चाँद
कक्षा
आकाश
सौर
संक्रांति
दूरबीन
दृश्यमान
राशि

21 - Mammals

क	च	ध	श	ल	छ	श	◌े	र	द	◌ं	ब	ग	श
ण	◌ु	ढ	ड	◌ॉ	ल	◌्	फ	◌ि	न	म	इ	उ	ऊ
ऊ	र	त	थ	◌़	य	च	ष	द	न	ध	आ	ब	ख
न	श	ल	◌्	इ	◌े	ध	भ	◌ा	ल	◌ू	ञ	घ	भ
य	ढ	व	फ	त	श	भ	द	आ	थ	स	प	ठ	प
उ	स	र	ठ	ल	◌ा	ब	◌ु	ल	◌ी	ल	◌्	◌ि	ब
भ	ज	◌ि	र	◌ा	फ	◌़	च	च	◌ा	श	त	ग	ऊ
क	◌े	ड	इ	ल	र	व	द	ठ	ह	ष	न	इ	द
◌ं	ज	ड	र	◌्	ध	◌्	ख	द	ट	ठ	ए	ह	ब
ग	◌़	◌़	◌़	र	श	ह	र	क	◌ो	य	◌ो	ट	◌ि
◌ा	◌े	◌ौ	व	◌ि	श	◌े	ग	व	ष	ड	घ	ठ	ल
र	ब	म	च	◌ो	य	ल	◌ो	न	ण	ण	व	ख	◌ा
◌ू	र	◌ो	ऊ	ग	छ	◌ा	श	ष	ए	घ	स	उ	व
ख	◌ा	ल	घ	◌ो	ड	◌़	◌ा	फ	उ	फ	ट	ए	द

भालू
ऊदबिलाव
बुल
बिल्ली
कोयोट
कुत्ता
डॉल्फिन
हाथी
लोमड़ी
जिराफ़
गोरिल्ला
घोड़ा
कंगारू
शेर
बंदर
खरगोश
भेड़
व्हेल
भेड़िया
ज़ेबरा

22 - Fishing

ह	ग	स	आ	आ	भ	ठ	आ	र	ग	◌ि	ल	◌्	स
द	ह	प	ड	घ	ह	र	ग	◌ा	स	ण	ण	स	ध
इ	छ	◌ु	प	ढ	ण	ट	आ	◌ा	ण	◌ो	ऊ	भ	ञ
च	आ	त	क	स	ष	न	ढ	च	छ	श	इ	न	र
ब	त	ऋ	ए	थ	ष	द	ह	त	ब	ए	व	य	श
त	ढ	ल	छ	ञ	च	◌ी	स	ण	र	प	◌ं	ख	◌ा
ष	उ	त	घ	स	ध	◌ै	र	◌्	य	◌ा	ग	थ	व
ट	◌ो	क	र	◌ी	झ	◌ी	ल	प	ए	इ	ज	य	ज
ल	ध	न	◌ा	व	ज	ब	ड	◌़	◌ा	ख	फ	◌ू	न
अ	त	◌ि	श	य	◌ो	क	◌्	त	◌ि	ब	आ	ढ	द
ख	स	म	◌ु	द	◌्	र	त	ट	प	◌ा	न	◌ी	थ
च	भ	स	इ	आ	ष	◌ा	प	त	र	इ	ब	ऊ	स
फ	ब	ड	स	प	थ	त	ञ	प	आ	भ	ह	ठ	च
फ	त	इ	भ	श	ष	उ	प	क	र	ण	ल	ठ	द

चारा
टोकरी
समुद्र तट
नाव
रसोइया
उपकरण
अतिशयोक्ति
पंख
गिल्स
हुक
जबड़ा
झील
सागर
धैर्य
नदी
तराजू
ऋतु
पानी
वजन
तार

23 - Bees

ऊ	व	उ	ग	र	व	◌ि	व	◌ि	ध	त	◌ा	भ	ठ
इ	ब	उ	त	◌ा	◌्	त	छ	आ	ए	प	च	ग	ञ
ह	उ	य	थ	न	प	य	ढ	ग	ल	फ	न	ड	ग
श	ह	घ	श	◌ो	ब	झ	ढ	ख	स	◌ू	र	◌्	य
क	◌ी	ट	म	ह	ग	र	◌ु	ख	ठ	भ	फ	ब	प
आ	ध	ख	◌ो	ह	द	इ	आ	◌ं	द	◌ो	द	ग	◌ं
ख	ढ	च	म	ध	◌ु	आ	◌ँ	आ	ड	ज	प	◌ी	ख
ल	◌ा	भ	क	◌ा	र	◌ी	य	थ	छ	न	र	च	छ
व	ठ	इ	ट	व	द	ठ	ण	द	र	स	◌ा	◌ा	प
च	ऊ	प	◌ौ	ध	◌े	ब	प	व	ह	ड	ग	ए	र
ढ	ऊ	श	इ	भ	ड	ब	ण	ब	ण	उ	ण	ड	◌ा
ए	त	न	य	ख	◌ि	ल	न	◌ा	ड	ब	क	ड	ग
ण	व	न	स	त	ह	ए	च	फ	ञ	म	र	व	म
ऊ	भ	ब	उ	ल	थ	ल	आ	ष	प	ग	ण	ग	ष

लाभकारी
खिलना
विविधता
फूल
भोजन
फल
बगीचा
छत्ता
शहद
कीट
पौधे
पराग
परागणक
रानी
धुआँ
सूर्य
झुंड
मोम
पंख

24 - Photography

प	म	द	◌ृ	श	◌्	य	च	र	स	द	प	ठ	च
ए	र	ध	ध	थ	श	क	◌ा	र	◌्	प	ण	त	र
ध	न	◌ि	उ	त	च	◌ै	◌ं	◌ा	फ	व	ग	ञ	ख
आ	ञ	आ	प	◌ु	छ	म	◌ा	ध	ष	न	ए	प	ग
घ	व	ख	ठ	◌्	श	र	ढ	◌े	ध	◌ी	द	ड	ए
प	ग	ण	छ	स	र	◌ा	आ	◌ं	य	श	न	स	ल
अ	◌ं	त	र	व	थ	◌े	उ	अ	ऊ	र	द	ढ	ढ
ञ	र	ध	प	व	ह	इ	क	ए	ए	◌्	ड	ट	ह
ध	ट	च	प	र	◌ू	र	◌ा	◌्	प	द	भ	ट	र
छ	व	घ	ग	त	◌ि	न	ध	स	ष	र	इ	र	च
ल	◌ा	◌ा	क	◌्	ह	भ	घ	ल	ण	◌्	ए	च	च
ठ	न	य	ष	◌ि	व	न	◌ा	छ	ब	प	य	न	न
छ	ब	ख	◌ा	च	ण	च	ह	ष	घ	न	ञ	◌ा	च
ख	थ	द	र	य	श	त	व	उ	◌ा	ष	य	ञ	ऊ

काला
कैमरा
रंग
रचना
अंतर
अंधेरा
परिभाषा
प्रदर्शनी
प्रारूप
ढांचा

प्रकाश
वस्तु
परिप्रेक्ष्य
चित्र
छाया
नरम
विषय
बनावट
दृश्य

25 - Weather

ब	य	ञ	ए	ल	◌ी	ज	◌ि	ब	ष	व	ण	ढ	ढ
य	व	ह	आ	ठ	फ	ल	ख	ए	ख	◌ा	◌ू	स	ढ
थ	◌ौ	◌ं	ह	व	◌ा	व	ड	ग	म	य	य	ड	श
फ	र	म	ड	ड	छ	◌ा	ल	ग	भ	◌ु	घ	घ	ञ
आ	◌ु	छ	त	र	द	य	स	य	ञ	म	य	ड	ढ
उ	◌्	ब	◌ा	ढ	◌़	◌ु	श	य	म	◌ं	ष	आ	भ
थ	ध	न	भ	न	स	◌ू	न	◌ा	म	ड	स	◌ं	ठ
फ	ट	श	व	छ	ढ	ढ	श	छ	◌ं	ल	आ	ध	फ
आ	उ	ण	थ	ऊ	त	थ	ध	च	उ	त	ग	◌ी	त
क	इ	◌ं	द	◌्	र	ध	न	◌ु	ष	ठ	म	र	ब
◌ा	ढ	ल	ञ	य	◌ा	ढ	फ	◌्	र	ब	ट	ब	ज
श	भ	ग	र	ञ	ह	त	◌ा	प	म	◌ा	न	◌ा	छ
ट	व	ऊ	व	ग	◌ो	ण	◌ू	स	ञ	द	व	द	ञ
आ	य	भ	ण	ग	क	ध	त	ह	ए	भ	इ	ल	ग

वायुमंडल
शांत
जलवायु
बादल
सूखा
बाढ़
कोहरा
तूफ़ान
बर्फ
बिजली

मानसून
ध्रुवीय
इंद्रधनुष
आकाश
आंधी
तापमान
गरज
बवंडर
हवा

26 - Adventure

च	◌ु	न	◌ौ	त	◌ि	य	◌ो	◌ं	ग	ढ	म	द	ढ
च	व	छ	य	◌ा	त	◌्	र	◌ा	◌ं	प	◌ौ	◌ो	ख
क	अ	स	◌ा	म	◌ा	न	◌्	य	त	ण	क	स	त
ढ	ठ	प	त	◌ै	य	◌ा	र	◌ी	व	म	◌ा	◌्	र
ग	त	◌ि	◌्	द	ब	ठ	त	ष	◌्	र	ह	त	न
ष	द	ठ	न	र	स	व	अ	ड	य	◌्	ढ	◌ो	◌ा
न	ठ	इ	छ	◌ा	क	ञ	त	ध	श	भ	च	◌ं	क
ग	ट	स	ष	च	ई	◌ृ	ऊ	छ	ट	ग	ट	प	ल
स	◌ु	र	क	◌्	ष	◌ा	त	उ	त	◌्	स	◌ा	ह
स	म	इ	व	ष	ट	य	ध	◌ि	व	◌ि	◌ि	त	ग
ष	म	म	र	◌ी	ए	न	ध	व	त	आ	ठ	ध	न
स	ल	ऊ	न	श	र	◌्	द	र	◌्	प	थ	प	व
ड	ढ	इ	प	ष	न	त	◌ा	र	द	◌ं	◌ु	स	थ
ढ	ख	ब	ह	ण	ख	फ	◌ा	आ	ग	स	इ	म	घ

गतिविधि
सुंदरता
वीरता
चुनौतियों
मौका
खतरनाक
गंतव्य
कठिनाई
उत्साह
भ्रमण
दोस्तों
हर्ष
प्रकृति
पथ प्रदर्शन
नया
अवसर
तैयारी
सुरक्षा
यात्रा
असामान्य

27 - Sport

ख	म	आ	ट	घ	थ	न	च	ध	ह	स	क	घ	स
ऊ	थ	◌ा	ह	ख	फ	इ	ड	ण	ड	ह	◌ा	क	◌ा
इ	च	न	◌ं	◌ा	य	आ	च	ड	◌्	न	र	◌्	इ
त	भ	ल	ग	स	र	श	ढ	◌़	ड	च	◌्	ष	क
ग	ध	ह	फ	त	प	उ	ह	◌ी	◌ि	ष	य	म	◌ि
स	आ	ट	ड	ड	ल	◌े	ख	ल	य	ञ	क	त	ल
च	य	◌ा	प	च	य	ड	श	◌ा	◌ो	ञ	◌्	◌ा	च
अ	द	ऊ	ग	ग	इ	ञ	व	◌ि	◌ं	ण	र	श	ल
ध	◌ृ	भ	व	व	ए	व	ट	ख	य	ष	म	र	◌ा
◌ि	ह	ग	न	भ	घ	ढ	म	द	च	◌ो	क	◌ी	न
क	च	ञ	च	◌ृ	ञ	च	ए	र	थ	प	◌ं	र	◌ा
त	क	◌ा	त	घ	त	ल	क	◌्	ष	◌्	य	त	द
म	स	फ	म	य	थ	◌्	स	◌्	व	◌ा	◌्	स	म
ढ	म	ग	ण	श	प	फ	य	ख	ऊ	ग	ढ	ऊ	य

क्षमता
खिलाड़ी
शरीर
हड्डियों
हृदय
कोच
साइकिल चलाना
नृत्य
आहार
सहन
लक्ष्य
स्वास्थ्य
टहलना
अधिकतम
चयापचय
मांसपेशियों
पोषण
कार्यक्रम
खेल
ताकत

28 - Circus

ध	ब	ञ	फ	घ	च	र	व	ज	ञ	छ	इ	छ	छ
ब	◌ा	फ	ल	त	व	त	श	◌ा	च	ध	द	श	घ
◌ं	ज	ञ	ड	ग	ष	ठ	श	द	त	ह	त	घ	म
द	◌ो	ध	थ	◌ी	◌ा	ह	ब	◌ू	ठ	घ	ड	ट	न
र	ग	त	द	◌ं	◌ं	ण	◌ा	व	छ	श	◌े	र	◌ो
न	र	स	◌ं	स	प	◌ै	घ	त	ट	ह	र	ख	र
छ	ह	ग	र	ब	ज	◌ो	क	र	प	उ	प	त	◌ं
प	द	ट	च	स	◌ू	च	श	◌े	ञ	◌ो	घ	ऊ	ज
थ	ड	ह	ऊ	आ	फ	फ	◌्	ब	फ	व	श	छ	न
ग	आ	ड	फ	ष	ख	त	र	◌ा	म	ह	श	◌ा	श
छ	श	ठ	भ	ञ	ख	फ	द	ब	ह	आ	घ	द	क
ल	व	आ	च	ष	न	श	र	◌्	द	र	◌्	प	न
द	प	ऊ	ठ	घ	ऊ	ए	ष	◌ु	उ	छ	च	ऊ	ह
ज	◌ा	न	व	र	◌ो	◌ं	र	ग	द	◌ू	◌ा	ज	ण

नट
जानवरों
गुब्बारे
कैंडी
जोकर
पोशाक
हाथी
मनोरंजन
बाजीगर
शेर

जादू
जादूगर
बंदर
संगीत
परेड
प्रदर्शन
दर्शक
तंबू
बाघ
छल

29 - Restaurant #2

ड	द	स	भ	आ	च	ऊ	ष	ण	व	ऊ	फ	ल	ऊ
च	ट	स	◌ी	ढ	ल	घ	क	◌ा	◌ं	ट	◌ा	ण	द
व	◌े	ट	र	र	◌ा	त	क	◌ा	ख	◌ा	न	◌ा	छ
प	ए	ध	ग	फ	◌्	र	ब	भ	म	छ	ल	◌ी	न
ञ	◌ा	र	स	ल	य	◌ु	द	ह	स	ढ	ग	स	म
स	ए	न	उ	ड	ढ	ख	क	◌े	क	ट	म	व	क
त	प	ट	◌ी	ऊ	आ	अ	ठ	म	स	◌ा	ल	◌े	ध
ण	घ	य	भ	त	य	◌ा	◌ं	ज	◌ि	◌्	ब	स	ब
ञ	ढ	व	द	म	फ	य	फ	ड	छ	ट	आ	ट	प
स	◌्	व	◌ा	द	◌ि	ष	◌्	ट	◌े	ग	ञ	च	◌ू
ध	स	ठ	ल	ऊ	ढ	घ	ऊ	न	◌ू	ड	ल	◌्	स
ण	ढ	घ	स	उ	फ	द	च	म	◌्	म	च	छ	ष
द	◌ो	प	ह	र	क	◌ा	भ	◌ो	ज	न	भ	च	न
ढ	र	ऊ	ध	त	प	प	◌े	य	थ	थ	उ	ढ	ष

पेय
केक
कुर्सी
स्वादिष्ट
रात का खाना
अंडे
मछली
कांटा
फल
बर्फ
दोपहर का भोजन
नूडल्स
सलाद
नमक
सूप
मसाले
चम्मच
सब्जियां
वेटर
पानी

30 - Geology

स	म	ष	त	ल	ढ	क	ञ	क	म	न	म	ध	ज
◌्	आ	श	आ	आ	ड	ट	श	◌ै	ल	ण	ह	न	◌्
ट	ह	ण	◌्	ऊ	ष	◌ा	घ	ल	फ	ह	◌ा	ड	व
◌ै	◌ु	प	थ	व	छ	व	ड	◌्	श	च	द	क	◌ा
ल	ल	ग	◌ु	फ	◌ा	फ	आ	श	भ	द	◌्	◌्	ल
◌े	◌ा	◌ा	च	ड	इ	◌ी	ड	◌ि	स	ए	व	व	◌ा
क	घ	◌ं	ल	क	र	च	ज	य	ग	ढ	◌ी	◌ा	म
◌्	◌ि	◌ू	त	◌ा	◌्	ढ	◌ि	म	ग	फ	प	र	◌ु
ट	प	म	आ	घ	व	र	न	ल	ण	ए	क	◌्	ख
◌ि	ठ	ल	ड	च	ठ	◌ा	ख	इ	आ	ऊ	◌ं	ट	◌ी
ट	◌ा	य	घ	ढ	घ	आ	त	ट	ष	ह	◌ू	◌्	ग
भ	र	प	आ	ल	ब	आ	ऊ	ष	ट	इ	भ	ज	न
फ	ऊ	र	थ	◌्	त	प	ह	द	उ	ढ	ल	र	ध
श	उ	त	ध	क	◌्	र	◌ि	स	◌्	ट	ल	ए	ल

एसिड
कैल्शियम
गुफा
महाद्वीप
मूंगा
क्रिस्टल
चक्र
भूकंप
कटाव
जीवाश्म
लावा
परत
खनिज
पिघला हुआ
पठार
क्वार्ट्ज
नमक
स्टैलेक्टिट
पत्थर
ज्वालामुखी

31 - House

द	◌े	◌्	र	प	व	ह	ट	थ	फ	ष	◌्	क	क
ड	र	च	न	◌ी	◌्	र	फ	स	र	द	ख	◌ु	भ
ए	ऊ	व	च	ञ	र	ब	ख	त	स	◌ी	इ	◌ं	झ
ष	इ	इ	◌ा	द	र	◌्	प	ण	◌ो	प	च	ज	◌ा
ब	ऊ	य	◌ी	ज	व	आ	उ	ब	ई	क	◌ि	◌ी	ड
ट	◌ा	ऊ	ग	ढ	◌ा	ब	◌ौ	छ	◌ा	र	म	उ	◌़
ठ	श	ड	ब	उ	◌ी	घ	ण	फ	आ	ह	न	ट	◌ू
व	ठ	द	◌़	ठ	द	ञ	ढ	आ	र	स	◌ी	ब	ए
ख	◌ि	ड	◌़	क	◌ी	ड	ठ	ग	थ	द	अ	श	स
प	◌ु	स	◌्	त	क	◌ा	ल	य	त	ल	ट	छ	ए
ग	◌ै	र	◌े	ज	आ	य	च	र	त	ष	◌ा	ए	त
फ	न	ड	प	ए	घ	द	य	स	भ	र	र	ध	य
ञ	ध	श	ढ	ख	उ	फ	ग	ट	घ	श	◌ी	छ	थ
स	ए	थ	घ	इ	ब	ड	व	व	प	ग	म	ह	व

अटारी
झाड़ू
पर्दे
दरवाजा
बाड़
चिमनी
तल
फर्नीचर
गैरेज
बगीचा
कुंजी
रसोई
दीपक
पुस्तकालय
दर्पण
छत
कक्ष
बौछार
दीवार
खिड़की

32 - Physics

क	ण	र	घ	ख	म	प	र	म	◌ा	ण	◌ु	न	अ
स	◌ी	ध	◌ा	ट	◌ा	आ	व	◌ृ	त	◌्	त	◌ि	र
स	ट	र	भ	स	स	ख	ड	थ	प	ठ	आ	ह	◌ा
◌ा	स	व	◌ि	त	◌ा	प	थ	ड	ध	ल	स	स	ज
प	ग	◌े	व	त	इ	य	क	◌ी	भ	◌ि	◌ा	न	क
◌े	◌ै	ग	ष	ट	◌्	द	न	ञ	ऊ	श	र	र	त
क	स	उ	ठ	र	छ	◌ं	श	◌ि	प	इ	ढ	◌ॉ	◌ा
◌्	न	ए	ट	द	द	थ	◌ा	ध	क	ग	श	ट	श
ष	घ	न	त	◌्	व	ह	ध	य	घ	त	फ	◌्	त
त	घ	स	ण	अ	स	◌ू	त	◌्	र	◌ि	फ	क	◌्
◌ा	आ	छ	ह	ञ	ण	म	ब	ल	फ	न	ड	◌्	व
ष	य	न	उ	ञ	न	◌ु	द	थ	च	प	ड	◌े	र
ह	भ	इ	◌ं	ज	न	स	ञ	र	छ	ठ	ब	ल	ण
फ	थ	न	प	च	◌ु	◌ं	ब	क	त	◌्	व	इ	घ

त्वरण
परमाणु
अराजकता
रासायनिक
घनत्व
इलेक्ट्रॉन
इंजन
सूत्र
आवृत्ति
गैस
चुंबकत्व
मास
यांत्रिकी
अणु
नाभिकीय
कण
सापेक्षता
गति
वेग

33 - Dance

स	ठ	व	प	ड	र	◌ि	ह	र	◌्	स	ल	फ	ल
ट	व	द	ढ	स	म	त	आ	ह	ध	प	◌ा	◌ृ	क
ल	म	च	ड	छ	प	ग	स	ह	इ	आ	त	त	न
उ	ब	स	च	ष	ब	घ	न	स	◌ं	ग	◌ी	त	◌ृ
द	ऊ	य	त	ञ	आ	उ	स	◌ा	स	ग	घ	श	त
स	◌ं	स	◌्	क	◌ृ	त	◌ि	◌ा	व	छ	न	र	◌्
ह	र	◌्	ष	◌ि	त	म	म	व	थ	◌ा	म	◌ी	य
स	◌ा	◌ं	स	◌्	क	◌ृ	त	◌ि	क	◌ी	भ	र	क
घ	ग	ह	य	द	ञ	अ	थ	स	ड	र	क	द	ल
ख	श	य	व	द	त	क	श	त	◌ू	भ	ल	◌ृ	◌ा
ड	ट	र	व	ल	इ	◌ा	ह	ख	छ	च	◌ा	श	ह
ध	ख	ट	ष	स	न	द	भ	च	ल	व	क	◌्	ट
ह	त	च	ठ	ह	म	म	ट	आ	ब	ण	ध	य	ल
ब	र	ष	ड	य	र	◌ी	त	◌्	स	◌्	◌ा	श	ष

अकादमी
कला
शरीर
नृत्यकला
शास्त्रीय
सांस्कृतिक
संस्कृति
भावना
सूचक

कृपा
हर्षित
गति
संगीत
साथी
आसन
रिहर्सल
ताल
दृश्य

34 - Coffee

क	छ	ल	ख	श	ढ	ठ	व	ञ	छ	ञ	प	छ	ए
ड	ख	ह	ष	ख	ट	ड	न	ट	न	ए	द	ा	प
़	ऊ	ड	भ	र	ण	न	ठ	स	इ	ऊ	द	न	क
व	फ	फ	आ	आ	उ	ख	ह	प	ग	न	घ	न	ै
ा	भ	ह	ध	ह	ध	थ	ल	ख	व	त	ब	ा	फ
इ	ध	य	ब	व	ू	ग	अ	म	्	ल	ी	य	ी
थ	प	े	य	ल	द	ल	ं	ध	प	क	न	इ	न
न	ब	त	ल	थ	इ	द	स	ु	ब	ह	ी	ब	घ
भ	ु	न	ा	ह	ु	आ	म	त	स	प	ी	म	इ
द	फ	ब	ड	ड	ल	ई	ू	र	ी	ा	च	श	त
व	ि	व	ि	ध	त	ा	ल	ल	प	न	च	व	च
ा	श	इ	न	ढ	थ	ल	ा	ग	थ	ी	ख	न	ड
्	ढ	फ	प	ल	ए	म	द	क	आ	ट	द	ए	स
स	ल	स	ऊ	न	प	ए	न	ञ	म	र	घ	घ	ऊ

अम्लीय
सुगंध
पेय
कड़वा
काला
कैफीन
मलाई
कप
छानना
स्वाद
पीस
तरल
दूध
सुबह
मूल
कीमत
भुना हुआ
चीनी
विविधता
पानी

35 - Scientific Disciplines

र	इ	भ	द	व	स	क	उ	आ	ण	ढ	म	ह	ज
स	व	त	◌्	त	र	◌ा	◌ु	प	ट	ष	न	ब	◌ी
◌ा	र	इ	द	म	प	इ	छ	ए	थ	स	◌ो	ड	व
य	र	ड	त	आ	उ	न	ड	इ	स	त	व	प	व
न	इ	न	ञ	◌ा	ज	◌्	व	◌ि	◌ू	भ	◌ि	ढ	◌ि
व	व	य	छ	न	य	स	◌ा	र	व	◌ी	ज	य	ज
◌ि	छ	स	क	◌्	ट	◌ि	ब	◌ो	◌ो	र	◌्	ठ	◌्
ज	◌ी	ल	◌ॉ	न	◌ो	य	◌ू	◌्	म	इ	ञ	र	ञ
◌्	व	ध	छ	ध	छ	◌ो	म	ण	ग	ध	◌ा	ण	◌ा
ञ	ल	ब	फ	ठ	ग	ल	न	ह	स	ब	न	ब	न
◌ा	ए	फ	ज	◌ी	ल	◌ॉ	य	◌ो	ज	◌ि	◌ि	फ	थ
न	ञ	ब	न	ञ	◌ा	ज	◌्	व	◌ि	म	स	◌ौ	म
ढ	ठ	ध	म	व	क	◌ी	र	◌ि	त	◌्	◌ं	◌ा	य
श	र	◌ी	र	र	च	न	◌ा	थ	ऊ	फ	ण	भ	ह

शरीर रचना
पुरातत्व
जीव रसायन
जीवविज्ञान
रसायन विज्ञान
भूविज्ञान
इम्यूनोलॉजी
काइन्सियोलॉजी
यांत्रिकी
मौसम विज्ञान
पोषण
फिजियोलॉजी
मनोविज्ञान
रोबोटिक्स

36 - Science

त	इ	त	इ	ए	प	इ	क	च	द	ल	स	त	आ
छ	द	थ	घ	ढ	व	◌्	थ	ण	◌ु	◌ा	म	र	प
प	◌्	र	क	◌ृ	त	◌ि	र	उ	श	च	ड	ग	व
र	◌ा	स	◌ा	य	न	◌ि	क	य	उ	ट	◌े	ट	◌ि
ज	ल	व	◌ा	य	◌ु	व	ह	थ	◌ो	ए	ट	ज	क
प	◌्	र	य	◌ो	ग	श	◌ा	ल	◌ा	ग	◌ा	◌ी	◌ा
त	ड	श	◌्	क	न	◌ि	ञ	◌ा	ज	◌्	◌ै	व	स
म	र	प	थ	ज	◌ी	व	आ	ए	ध	ग	प	◌ा	ख
ड	ध	◌ी	त	ठ	म	य	ह	श	छ	ध	◌ौ	श	न
भ	ढ	ल	क	श	भ	ण	ट	य	भ	इ	ध	◌्	◌ि
ट	प	ढ	ढ	◌ा	उ	अ	ण	◌ु	ओ	◌ं	◌े	म	ज
ग	◌ु	र	◌ु	त	◌्	व	◌ा	क	र	◌्	ष	ण	ढ
च	भ	◌ौ	त	◌ि	क	व	◌ि	ज	◌्	ञ	◌ा	न	द
प	र	◌ि	क	ल	◌्	प	न	◌ा	इ	श	व	थ	ऊ

परमाणु
रासायनिक
जलवायु
डेटा
विकास
प्रयोग
तथ्य
जीवाश्म
गुरुत्वाकर्षण
परिकल्पना
प्रयोगशाला
तरीका
खनिज
अणुओं
प्रकृति
जीव
कण
भौतिक विज्ञान
पौधे
वैज्ञानिक

37 - Beauty

त	◌े	ल	च	न	ब	प	ब	म	ल	ञ	स	फ	द
स	◌ु	र	◌ु	च	◌ि	प	◌ू	र	◌्	ण	त	◌ो	म
ल	◌ि	प	स	◌्	ट	◌ि	क	श	र	प	श	ट	त
उ	त	च	◌ि	क	न	◌ा	ष	ल	क	◌्	ग	◌ो	ल
ठ	त	ल	थ	य	छ	ख	ह	आ	ख	र	व	ज	द
य	ल	◌्	ख	◌ु	श	ब	◌ू	क	ग	द	ट	◌े	म
थ	य	आ	प	◌ा	◌ृ	क	ष	च	◌ा	ऊ	ऊ	न	य
आ	ऊ	व	च	◌ा	व	◌्	त	य	ढ	ज	उ	◌ि	ए
म	क	ऊ	र	ग	द	श	र	र	श	घ	ल	क	व
◌े	क	र	ए	ऊ	इ	◌ो	ल	◌ा	ल	◌ि	त	◌्	य
क	◌ै	ह	◌्	आ	ञ	स	◌ं	स	◌े	व	◌ा	व	श
अ	◌ं	त	ण	ष	श	◌ै	म	◌्	प	◌ू	र	प	आ
प	च	म	ऊ	थ	ण	च	र	◌ं	ग	ब	छ	प	त
थ	◌ी	स	◌्	ट	◌ा	इ	ल	◌ि	स	◌्	ट	थ	ह

आकर्षण
रंग
कर्ल
लालित्य
सुरुचिपूर्ण
खुशबू
कृपा
लिपस्टिक
मेकअप
काजल
दर्पण
तेल
फोटोजेनिक
उत्पादों
कैंची
सेवा
शैम्पू
त्वचा
चिकना
स्टाइलिस्ट

38 - Clothes

स	◌ै	◌ं	ड	ल	प	ह	ज	◌ू	त	◌ा	फ	ढ	श
प	◌ो	श	◌ा	क	◌ै	ण	ब	न	ण	छ	◌ै	भ	ठ
व	त	ऊ	आ	ऊ	◌ं	ब	◌े	ल	◌्	ट	श	य	ह
ख	ढ	स	ग	भ	ट	न	छ	उ	थ	र	न	द	थ
द	छ	न	इ	ज	◌ू	र	फ	ए	ठ	◌्	◌े	भ	फ
ए	प	◌्	र	न	◌ै	ष	ष	ड	ञ	क	त	ठ	ण
ढ	ण	◌ी	ञ	ल	ग	क	ण	ञ	ब	◌्	◌ा	ञ	ट
म	◌ा	ज	◌ा	◌ा	प	◌ं	◌े	भ	◌्	स	◌्	ड	इ
ऊ	स	◌ी	ठ	ठ	प	ए	क	ट	ल	घ	स	उ	घ
थ	ऊ	म	स	◌्	व	◌े	ट	र	◌ा	भ	द	ध	च
न	ऊ	क	न	च	य	न	म	ह	उ	आ	घ	य	छ
ख	ह	ए	क	द	आ	इ	म	ग	ज	न	थ	व	ग
छ	स	ए	◌ो	छ	र	ऊ	भ	घ	इ	उ	ऊ	ग	ण
त	छ	ए	ट	◌ा	ट	◌्	प	◌ु	द	ट	◌ो	प	◌ी

एप्रन
बेल्ट
ब्लाउज
कंगन
कोट
पोशाक
फैशन
दस्ताने
टोपी
जैकेट
जीन्स
आभूषण
पाजामा
पैंट
सैंडल
दुपट्टा
कमीज
जूता
स्कर्ट
स्वेटर

39 - Ethics

स	ड	थ	ण	ड	ग	छ	ग	घ	य	म	स	द	न
ण	ह	थ	ग	श	इ	र	थ	त	थ	◌ा	ह	य	ल
ग	क	य	◌ि	न	ज	◌ा	र	ख	◌ा	न	न	◌ा	म
म	◌ौ	ढ	◌ो	न	म	इ	ब	ट	र	व	श	ल	द
न	आ	र	छ	ग	छ	त	छ	ण	◌्	त	◌ी	◌ु	आ
ठ	र	ग	व	ढ	र	स	घ	च	थ	◌ा	ल	त	अ
ध	◌ै	र	◌्	य	आ	उ	त	◌े	व	ख	त	◌ा	ख
च	ह	ब	इ	व	ऊ	व	न	त	◌ा	श	◌ा	ऊ	◌ं
ई	म	◌ा	न	द	◌ा	र	◌ी	न	द	त	ए	आ	ड
ध	स	उ	थ	भ	च	ण	◌ि	◌ा	प	घ	आ	ह	त
व	◌्	य	क	◌्	त	◌ि	व	◌ा	द	व	ट	उ	◌ा
आ	श	◌ा	व	◌ा	द	◌ि	ग	द	र	◌्	श	न	द
ब	◌ु	द	◌्	ध	◌ि	फ	च	ट	आ	ण	आ	फ	य
न	च	ष	त	द	द	ब	प	उ	उ	ख	उ	इ	◌ा

दया
सहयोग
गौरव
राजनयिक
ईमानदारी
मानवता
व्यक्तिवाद
अखंडता
दयालुता
आशावाद

धैर्य
दर्शन
चेतना
यथार्थवाद
उचित
विनीत
सहनशीलता
मान
बुद्धि

40 - Astronomy

न	स	ब	ञ	श	च	फ	व	घ	ठ	स	क	स	व
ढ	ि	त	्	फ	ष	श	ि	ा	र	ु	्	र	े
न	आ	ह	ग	र	ौ	स	ष	ध	ॉ	प	ष	ढ	ध
क	द	ँ	ा	च	ह	च	ु	ञ	क	र	ु	उ	श
्	ट	थ	ग	र	ठ	्	व	घ	े	न	द	उ	ा
ष	फ	ढ	ं	च	ि	ख	म	क	ट	ो	्	प	ल
त	ढ	छ	श	त	ण	क	व	ा	प	व	र	ग	ा
्	आ	व	ा	ड	र	र	ा	्	ं	ा	ग	्	ह
र	ड	ल	क	आ	क	ा	श	ल	ण	ड	्	र	ब
ग	द	व	आ	म	ि	ब	ऊ	उ	प	ऊ	र	ह	ए
फ	्	ध	ध	ठ	ि	आ	न	भ	ड	ष	ह	आ	ट
प	च	र	न	आ	व	ी	थ	्	ृ	प	ऊ	न	ड
व	ख	ण	ह	र	्	ग	ए	ध	ड	भ	ऊ	भ	य
ख	ग	ो	ल	व	ि	ज	्	ञ	ा	न	ी	ण	फ

क्षुद्रग्रह
खगोल विज्ञानी
नक्षत्र
ब्रह्मांड
पृथ्वी
ग्रहण
विषुव
आकाशगंगा
उल्का
चाँद
निहारिका
वेधशाला
ग्रह
विकिरण
रॉकेट
उपग्रह
आकाश
सौर
सुपरनोवा
राशि

41 - Health and Wellness #2

ट	आ	भ	ू	ख	स	र	र	क	्	त	ठ	ठ	य
भ	न	ल	ब	ट	उ	ट	ा	ठ	ऊ	प	य	स	च
द	ु	त	ल	उ	भ	स	ह	ञ	र	आ	ब	्	प
ण	व	ा	ग	ह	व	म	आ	न	्	ख	छ	व	म
र	ं	प	ो	ष	ण	ब	च	छ	ज	ध	न	स	ा
क	श	्	ब	ढ	न	म	ि	ट	ा	ि	व	्	ल
ल	ि	स	ह	ठ	ज	ए	फ	भ	फ	न	घ	थ	ि
ी	क	अ	ड	आ	व	ष	ब	इ	ध	ा	घ	उ	श
ज	ी	्	र	ल	ए	त	ट	उ	ग	च	ल	ण	ठ
र	ट	श	द	च	ी	क	ै	ल	ो	र	ी	ठ	म
्	भ	त	न	ा	व	ू	ढ	ऊ	र	र	ट	ग	ग
ि	ण	म	र	क	्	ं	स	फ	ल	ी	ऊ	उ	य
न	ण	थ	द	ठ	ऊ	ट	भ	व	ह	र	प	आ	ण
स	्	व	च	्	छ	त	ा	ल	ध	श	य	त	उ

एलर्जी
शरीर रचना
भूख
रक्त
कैलोरी
निर्जलीकरण
आहार
रोग
ऊर्जा
आनुवंशिकी
स्वस्थ
अस्पताल
स्वच्छता
संक्रमण
मालिश
पोषण
वसूली
तनाव
विटामिन
वजन

42 - Time

ज	क	अ	द	ल	ऊ	म	थ	इ	इ	ग	इ	य	च
ल	स	◌ै	ब	न	थ	त	ट	स	आ	न	उ	ख	ग
◌्	द	ढ	ल	घ	व	ट	ए	स	घ	उ	ग	ञ	श
द	◌ी	ड	भ	◌े	छ	ब	ञ	◌े	ख	व	य	प	छ
ह	ष	द	घ	ट	◌ं	घ	ए	प	ष	घ	ष	ञ	द
◌ी	श	श	इ	न	घ	ड	ह	ह	ज	ल	◌्	द	◌ी
य	व	क	म	◌ि	◌ं	ण	र	ल	आ	श	◌ि	ड	◌़
न	◌ा	◌ी	ह	म	ट	स	छ	◌े	ठ	ग	व	ख	ड
◌ि	र	ल	स	त	◌ा	श	च	ख	भ	छ	भ	त	घ
द	◌्	घ	ह	त	◌ा	◌्	प	स	◌ु	ब	ह	द	घ
म	ष	उ	र	भ	◌ा	व	र	◌्	ष	ए	श	ब	ए
ट	◌ि	प	ट	छ	ऊ	र	ह	प	◌ो	द	ठ	ग	व
श	क	श	ग	न	प	ञ	ह	ल	ण	फ	ब	य	ल
व	ट	घ	ग	ह	ञ	व	ल	श	ष	ध	य	व	ड

वार्षिक
इससे पहले
कैलेंडर
सदी
घड़ी
दिन
दशक
जल्दी
भविष्य
घंटा
मिनट
महीना
सुबह
रात
दोपहर
अब
जल्द ही
आज
सप्ताह
वर्ष

43 - Buildings

य	प	ख	स	स	ल	आ	ए	फ	य	ष	क	र	स
आ	◌्	ल	◌्	◌ु	च	ञ	प	◌ै	छ	न	◌े	द	◌्
ण	र	◌ि	ट	प	य	ञ	ट	क	ण	च	ब	◌ू	क
द	य	ह	◌े	र	त	य	ख	◌्	ठ	य	◌ि	त	◌ू
घ	◌ो	◌ा	ड	म	स	उ	ल	ट	◌ो	ह	न	◌ा	ल
छ	ग	न	◌ि	◌ा	थ	◌ि	ण	र	ट	ए	ब	व	◌ा
◌ा	श	ख	य	र	थ	◌ि	न	◌ी	ल	ल	छ	◌ा	श
त	◌ा	व	म	◌्	ड	ब	ए	◌े	आ	ल	न	स	◌ा
◌्	ल	◌ा	◌ि	क	न	घ	ट	ट	म	त	य	ब	ध
र	◌ा	आ	ऊ	◌े	त	◌ं	ब	◌ू	र	◌ा	श	र	◌े
◌ा	न	श	प	ट	ऊ	थ	आ	ञ	ष	प	ष	ह	व
व	फ	◌ा	त	य	ल	ह	◌ा	र	ग	◌्	◌ं	स	प
◌ा	म	श	◌ी	ब	ए	द	ग	आ	ञ	स	ए	र	ट
स	स	ट	भ	म	फ	ड	ख	ए	न	अ	ष	ख	र

खालेहान
केबिन
किला
सिनेमा
दूतावास
फैक्टरी
अस्पताल
छात्रावास
होटल

प्रयोगशाला
संग्रहालय
वेधशाला
स्कूल
स्टेडियम
सुपरमार्केट
तंबू
थिएटर
मीनार

44 - Philanthropy

ठ	ञ	थ	इ	च	◌े	◌्	च	ब	र	ढ	न	ल	ष
ध	ठ	भ	म	त	◌ु	स	◌ं	प	र	◌्	क	ण	थ
न	ठ	र	◌ो	त	◌ि	न	◌ा	र	क	न	◌ा	द	थ
ग	थ	ठ	◌ं	◌्	ञ	ह	◌ौ	थ	ड	ख	ए	फ	ण
ह	आ	ञ	र	◌ि	ढ	न	◌ा	त	◌ा	व	न	◌ा	म
उ	ट	ग	क	व	◌ा	◌ु	य	स	◌ि	व	ढ	ध	न
व	◌ै	श	◌्	व	◌ि	क	ह	फ	च	य	इ	छ	श
ब	ऊ	न	य	भ	ण	च	◌ू	ट	र	त	◌ो	आ	◌ि
ऊ	न	उ	र	न	म	स	म	◌ु	द	◌ा	य	◌ं	म
ञ	ठ	छ	◌्	च	त	ख	स	ढ	ड	र	ष	ड	च
आ	त	फ	◌ा	न	ण	द	ह	श	ष	◌ा	◌्	न	छ
ब	ए	थ	क	स	र	श	◌ा	ख	प	द	◌्	ग	त
ई	म	◌ा	न	द	◌ा	र	◌ी	न	छ	उ	क	ब	ब
स	◌ा	र	◌्	व	ज	न	◌ि	क	ग	◌ो	ल	त	त

चुनौतियाँ
दान
बच्चे
समुदाय
संपर्क
दान करना
वित्त
धन
उदारता
वैश्विक
लक्ष्य
समूह
इतिहास
ईमानदारी
मानवता
मिशन
लोग
कार्यक्रमों
सार्वजनिक
युवा

45 - Gardening

प	व	◌ा	न	स	◌्	प	त	ि◌	क	फ	ख	प	उ
य	◌ु	◌ा	व	ल	ज	◌ी	ब	ब	र	भ	श	त	र
ग	ख	ष	त	य	◌ा	◌ं	त	ि◌	ज	◌ा	र	◌्	प
फ	◌ं	ि◌	◌्	म	इ	श	◌ा	न	च	ञ	न	त	ण
घ	श	द	ल	प	न	ट	स	ल	भ	छ	ट	◌ा	म
फ	य	स	ग	न	च	ड	◌्	◌ी	फ	ल	◌े	य	इ
ऊ	ञ	ड	ष	◌ौ	◌ा	न	द	◌ा	ख	फ	◌ं	ख	ह
उ	ख	ऊ	आ	◌ा	श	इ	ल	र	इ	ल	क	र	ब
ख	न	म	◌ी	प	श	ब	◌ु	ए	न	◌ो	छ	च	र
र	म	◌ौ	स	म	◌ी	ड	ग	व	य	द	◌्	◌ा	ख
द	फ	न	आ	घ	द	ल	फ	उ	प	◌्	ध	न	ह
प	भ	द	ठ	त	◌े	◌्	त	प	घ	य	घ	ऊ	थ
च	ऊ	व	ढ	ड	ि◌	उ	ख	ख	ह	◌ा	ष	ऊ	फ
ध	य	त	र	च	व	श	ष	ड	ध	न	छ	श	त

खिलना
वानस्पतिक
गुलदस्ता
जलवायु
खाद
कंटेनर
गंदगी
खाद्य
विदेशी
पुष्प
पत्ते
नली
पत्ता
नमी
फलोद्यान
मौसमी
बीज
प्रजातियां
पानी

46 - Herbalism

ट	ढ	आ	ब	प	ए	ष	प	आ	स	ह	ह	ह	ढ
त	◌ा	र	ग	◌ो	न	ख	ख	ए	◌्	ग	ह	र	क
ठ	ट	स	घ	ध	थ	थ	ल	इ	व	भ	ए	द	◌ा
त	छ	ष	द	◌ा	क	◌े	स	र	◌ा	घ	ह	◌ा	प
द	ल	ध	◌ो	◌ौ	ण	आ	उ	ब	द	म	ऊ	ब	न
य	◌ा	थ	म	प	न	◌ु	स	ह	ल	प	र	◌ू	ए
थ	भ	घ	ज	ए	श	◌ी	ए	ष	◌ू	थ	ड	श	द
ब	क	इ	अ	य	ष	ब	छ	भ	फ	ह	व	◌ु	क
ञ	◌ा	इ	ऊ	ठ	उ	ग	ग	ध	श	स	◌े	ख	◌ु
श	र	ट	त	आ	श	◌ी	घ	छ	स	◌ौ	◌ं	फ	ठ
ख	◌ी	ग	ह	च	ण	च	ट	ञ	ञ	◌ी	◌ै	इ	र
प	◌ु	द	◌ी	न	◌ा	◌ा	क	ब	ञ	ए	ल	ग	◌ा
ग	य	प	ठ	ट	स	त	◌ा	त	◌्	व	ण	◌ु	ग
उ	ञ	द	छ	ग	ढ	थ	ण	ब	म	ग	ढ	इ	त

खुशबूदार
तुलसी
लाभकारी
पाक
सौंफ
स्वाद
फूल
बगीचा
लहसुन
हरा
घटक
लैवेंडर
कुठरा
पुदीना
अजमोद
पौधा
गुणवत्ता
दौनी
केसर
तारगोन

47 - Vehicles

ड	व	ा	न	ढ	ख	ष	त	ण	व	ह	म	ठ	ए
य	ा	ल	भ	ध	य	फ	ठ	ख	र	े	छ	ह	उ
ए	ं	घ	ब	ञ	ए	ध	य	इ	ो	ल	य	छ	भ
ण	र	फ	ब	ञ	म	स	य	ठ	ग	ी	ख	ठ	ऊ
ट	ा	य	र	ट	क	ू	्	स	ी	क	ए	य	श
ऊ	क	ट	ण	ड	़	ा	े	ब	व	ॉ	ऊ	घ	उ
ष	आ	े	ै	न	ऊ	ल	ौ	ण	ा	प	ऊ	ष	ड
इ	स	आ	ॉ	क	ब	द	फ	न	ह	्	क	ा	र
य	च	ढ	क	र	्	ट	छ	म	न	ट	म	न	व
स	ा	इ	क	ि	ल	स	फ	ा	ज	र	ध	घ	ञ
थ	व	स	ऊ	श	ख	घ	ी	ि	ं	म	ो	ट	र
ट	्	र	ै	क	्	ट	र	व	इ	स	स	ल	फ
आ	म	ल	ट	थ	च	प	न	ड	ु	ब	्	ब	ी
भ	ू	म	ि	ग	त	म	ा	र	्	ग	र	ण	म

विमान
रोगी वाहन
साइकिल
नाव
बस
कार
कारवां
इंजन
नौका
हेलीकॉप्टर
मोटर
बेड़ा
रॉकेट
स्कूटर
पनडुब्बी
भूमिगत मार्ग
टैक्सी
टायर
ट्रैक्टर
ट्रक

48 - Health and Wellness #1

ब	व	म	ख	म	न	ण	घ	व	प	ए	ल	प	य
ह	◌ै	◌ि	त	भ	स	द	क	न	◌ि	ल	◌ि	◌्	क
ड	ध	क	श	ऊ	◌ो	भ	◌ू	ख	य	त	ट	भ	स
◌्	घ	स	◌्	◌्	◌ं	स	◌ी	म	◌े	र	◌्	◌ा	फ
ड	व	त	ग	ट	र	व	◌ा	इ	र	स	ब	व	व
◌ि	ल	◌्	घ	घ	◌ी	◌ा	आ	आ	ष	ञ	छ	द	ण
य	ढ	क	म	द	छ	र	म	द	त	◌्	व	च	◌ा
◌ो	ग	◌ि	ट	ब	स	ह	◌ि	त	ल	व	ग	ढ	छ
◌ं	च	◌ि	ल	ठ	उ	ट	ढ	य	ब	र	ह	म	ञ
न	ई	च	◌ा	◌ं	ऊ	आ	ञ	र	◌ा	च	प	उ	च
च	◌ि	क	◌ि	त	◌्	स	◌ा	◌ि	भ	◌ं	ग	श	ख
य	ऊ	च	र	न	म	◌ो	र	◌्	◌ा	ह	न	आ	द
प	उ	ट	ग	ट	थ	ऊ	ख	क	छ	ष	फ	ढ	ष
त	य	◌ो	◌ं	श	◌ि	प	◌े	स	◌ं	◌ा	म	इ	ण

सक्रिय
बैक्टीरिया
हड्डियों
क्लिनिक
चिकित्सक
भंग
आदत
ऊंचाई
हार्मोन
भूख

दवा
मांसपेशियों
नसों
फार्मेसी
पलटा
विश्राम
त्वचा
चिकित्सा
उपचार
वाइरस

49 - Town

व	स	द	ए	भ	म	य	ड	◌ि	ट	◌े	◌्	स	ब
◌ि	ख	ल	◌ु	छ	च	न	आ	व	ड	श	ऊ	◌्	◌ा
श	फ	आ	श	क	ब	◌े	क	र	◌ी	ढ	ढ	क	ज
◌्	आ	ढ	व	म	◌ा	न	◌े	◌ि	स	ड	त	◌ू	◌ा
व	फ	ब	◌ै	◌ं	क	न	थ	◌ि	ए	ट	र	ल	र
व	क	◌ू	य	ल	ह	◌ा	र	ग	◌्	◌ं	स	फ	श
◌ि	◌्	य	ल	ट	◌ो	ह	ख	फ	य	ढ	घ	ए	ट
द	ल	द	न	व	ह	व	◌ा	ई	अ	ड	◌्	ड	◌ा
◌्	◌ि	र	◌ा	र	◌ा	ञ	ग	य	ल	ट	ढ	र	व
य	न	ञ	ज	ह	त	ल	आ	◌ै	आ	उ	ग	ढ	स
◌ा	◌ि	छ	◌ो	ख	म	ह	◌ा	थ	ल	च	ड	ण	ऊ
ल	क	इ	भ	भ	ञ	स	◌ी	म	◌े	र	◌्	◌ा	फ
य	प	◌ु	स	◌्	त	क	◌ा	ल	य	न	◌ी	न	ग
स	◌ु	प	र	म	◌ा	र	◌्	क	◌े	ट	छ	छ	छ

हवाई अड्डा
बेकरी
बैंक
सिनेमा
क्लिनिक
फूलवाला
गैलरी
होटल
पुस्तकालय
बाजार
संग्रहालय
फार्मेसी
भोजनालय
स्कूल
स्टेडियम
दुकान
सुपरमार्केट
थिएटर
विश्वविद्यालय

50 - Antarctica

म	इ	ब	इ	क	अ	भ	◌ि	य	◌ा	न	ण	ट	श
ढ	ह	ए	ण	म	◌ो	ब	◌ा	द	ल	च	ब	उ	◌ो
स	व	◌ा	र	◌्	प	व	ह	◌ि	म	न	द	त	ध
प	इ	न	द	ढ	छ	प	श	प	प	ड	य	थ	क
र	◌्	ञ	र	◌्	द	ए	च	स	र	न	ण	ढ	र
ब	◌ै	र	ल	ट	व	ण	ष	क	◌्	र	◌ं	स	◌्
श	आ	इ	◌ा	त	ठ	◌ी	न	स	य	ट	स	ठ	त
ह	च	छ	◌ी	य	त	च	प	ड	◌ा	ग	र	ध	◌ा
ख	फ	ट	र	फ	द	द	ण	ड	व	ब	र	◌्	फ
ध	ग	ह	थ	ढ	ग	◌्	उ	ध	र	उ	प	भ	आ
ए	प	द	प	ध	इ	घ	व	ष	ण	त	ढ	◌ू	उ
त	◌ा	प	म	◌ा	न	ष	ष	◌ी	◌्	क	प	ग	ब
स	◌्	थ	ल	◌ा	क	◌ृ	त	◌ि	प	स	ध	◌ो	ढ
व	व	◌ै	ज	◌्	ञ	◌ा	न	◌ि	क	इ	ल	ल	उ

बे
पक्षी
बादल
संरक्षण
महाद्वीप
कोव
पर्यावरण
अभियान
भूगोल

हिमनद
बर्फ
प्रवास
प्रायद्वीप
शोधकर्ता
पथरीला
वैज्ञानिक
तापमान
स्थलाकृति

51 - Ballet

ऑ	ब	ग	त	ख	न	त	न	स	ल	श	◌ौ	क	ठ
र	म	◌ै	स	◌ू	च	क	◌ृ	◌ं	उ	र	◌ै	त	आ
◌्	◌ा	ए	ल	ए	छ	म	त	ग	ष	द	श	ल	ह
क	◌ं	भ	व	◌े	त	त	◌्	◌ी	ष	फ	इ	◌ा	◌ी
◌े	स	थ	ढ	न	क	◌्	य	त	च	ढ	श	त	व
स	प	ऊ	ग	ग	न	◌ा	क	क	य	व	◌ा	य	◌ा
◌्	◌े	स	ब	र	◌ी	ल	ल	◌ा	◌ो	भ	र	ट	ह
ट	श	य	◌ु	फ	क	क	◌ा	र	◌ं	स	◌ा	प	◌ा
◌्	◌ि	◌ा	उ	◌ं	द	र	◌्	श	क	◌ं	न	ग	व
र	य	◌्	त	फ	द	श	ट	व	◌ि	ग	न	ट	ह
◌ा	◌ो	भ	इ	म	थ	र	ठ	स	त	◌ी	ल	स	र
य	◌ं	अ	भ	न	आ	ध	स	ठ	◌्	त	उ	व	ढ
त	◌ी	व	◌्	र	त	◌ा	ब	ड	र	ष	ड	ध	ल
र	ढ	आ	त	उ	ग	फ	क	ट	न	ड	ग	श	य

वाहवाही
कलात्मक
दर्शक
बैले
नृत्यकला
संगीतकार
नर्तकियों
सूचक
इशारा
सुंदर
तीव्रता
सबक
मांसपेशियों
संगीत
ऑर्केस्ट्रा
अभ्यास
ताल
कौशल
शैली
तकनीक

52 - Fashion

फ	स	य	द	ह	क	प	ड	◌़	◌े	ञ	त	ञ	स
ब	◌ी	ट	◌्	र	◌े	◌ं	ड	ठ	घ	द	न	ध	◌ु
म	घ	त	ग	आ	ध	प	आ	श	◌ै	ल	◌ी	आ	र
ड	◌ा	द	◌ा	आ	ध	◌ु	न	◌ि	क	र	ड	इ	◌ु
य	च	प	◌ं	व	आ	ण	थ	ञ	य	स	ख	ह	च
इ	ष	स	ह	च	ढ	ख	च	ख	द	र	ठ	थ	◌ि
ञ	ह	ल	म	ऊ	घ	ठ	ख	ई	◌ा	◌़	ढ	क	प
ब	ट	न	ध	म	त	थ	त	ब	म	ह	उ	ट	◌ू
म	त	न	य	◌ू	◌्	न	ध	न	◌ा	म	ए	◌ी	र
छ	◌ू	प	◌ै	ट	र	◌्	न	◌ा	र	ल	आ	◌ु	◌्
थ	प	ल	ञ	ह	श	ल	प	व	आ	ख	ए	ब	ण
प	म	◌ा	म	◌ू	ल	◌ी	ड	ट	ऊ	ढ	च	इ	ठ
व	◌्	य	◌ा	व	ह	◌ा	र	◌ि	क	त	ध	ष	ए
छ	थ	र	ब	भ	उ	स	स	◌्	त	◌ी	ध	द	द

सस्ती
बुटीक
बटन
आरामदायक
सुरुचिपूर्ण
कढ़ाई
महंगा
कपड़े
फीता
माप
न्यूनतम
आधुनिक
मामूली
मूल
पैटर्न
व्यावहारिक
सरल
शैली
बनावट
ट्रेंड

53 - Human Body

ह	म	◌ु	◌ॅ	ह	ब	भ	थ	ड	ठ	◌े	न	ख	ट
च	ड	ह	प	ढ	ए	न	द	◌्	र	ग	◌ा	◌ा	उ
◌े	◌़	◌्	ण	ण	ट	◌ा	स	◌ि	भ	म	ट	◌़	क
ह	◌ी	ध	ड	ह	स	क	◌ि	ष	ल	आ	◌ु	ड	थ
र	◌ो	त	न	◌ि	ऊ	ए	र	ठ	◌ी	उ	घ	ब	ढ
◌ा	ठ	भ	ञ	म	य	थ	ध	ष	ग	स	त	ज	स
त	व	ख	न	◌ी	ह	◌ो	क	ग	◌ं	ए	द	इ	ह
त	◌्	व	च	◌ा	ध	◌ा	◌ं	क	उ	त	ब	श	न
घ	ऊ	य	थ	च	इ	आ	र	क	◌्	त	छ	आ	ए
द	◌ि	म	◌ा	ग	ल	ग	घ	उ	भ	ऊ	छ	थ	इ
फ	र	न	ह	◌ं	ख	द	आ	ट	आ	ऊ	ह	ह	य
थ	प	य	य	◌ा	ञ	ग	थ	स	छ	र	न	ख	उ
घ	त	ढ	म	ट	ध	फ	च	स	श	ए	र	ग	प
छ	भ	ऊ	व	ढ	ठ	व	द	ट	ढ	ख	ट	घ	ए

टखने
रक्त
हड्डियों
दिमाग
ठोड़ी
कान
कोहनी
चेहरा
उंगली
हाथ
सिर
दिल
जबड़ा
घुटना
टांग
मुँह
गर्दन
नाक
कंधा
त्वचा

54 - Fruit

न	आ	ष	ए	ख	ठ	घ	इ	आ	प	म	उ	न	स
◌ी	◌ा	ध	उ	व	◌ी	◌ी	क	घ	भ	घ	श	न	ऊ
ब	स	श	म	त	◌ो	श	स	ढ	श	ह	आ	◌ा	ष
◌ा	ठ	व	प	उ	घ	क	न	इ	ब	थ	ड	र	श
◌ु	घ	ब	फ	◌ा	ख	र	◌ा	व	ख	य	◌़	◌ि	प
ख	ए	ड	त	च	त	ज	◌्	ड	म	न	◌ू	य	ग
ए	न	फ	ग	◌े	ष	◌ी	न	च	◌ो	ह	छ	ल	भ
द	ट	ऊ	उ	र	स	◌ं	न	र	स	भ	र	◌ी	ट
फ	ज	ठ	ह	◌ी	◌े	अ	अ	र	न	प	ञ	श	च
थ	◌ू	थ	ल	थ	ब	इ	आ	अ	म	र	◌ू	द	छ
द	ब	◌े	र	◌ी	म	◌ू	म	प	प	◌ी	त	◌ा	क
म	र	द	ठ	र	ग	◌ू	◌ं	अ	र	ब	म	स	◌े
ष	त	स	ण	छ	स	व	र	◌ी	ड	ष	व	ण	ल
श	फ	◌़	त	◌ा	ल	◌ू	त	फ	न	ठ	व	घ	◌ा

सेब
खुबानी
एवोकाडो
केला
बेरी
चेरी
नारियल
अंजीर
अंगूर
अमरूद
कीवी
नींबू
आम
तरबूज
शफ़तालू
पपीता
आड़
नाशपाती
अनन्नास
रसभरी

55 - Engineering

ट	ए	ए	भ	ड	स	ह	र	ठ	ठ	इ	इ	इ	य
ल	य	त	त	आ	अ	स	फ	ध	ष	इ	ं	प	ण
य	द	र	श	त	क	ञ	थ	ल	र	त	ज	छ	ग
र	ऊ	स	य	ा	्	व	ए	ी	च	छ	न	आ	ह
न	ठ	ब	ठ	थ	ष	न	त	व	ह	द	ल	ण	र
ल	न	घ	उ	थ	य	ख	े	र	आ	फ	न	ह	ा
ण	ज	ा	्	र	ऊ	स	ं	र	च	न	ा	त	ई
म	श	ी	न	ग	उ	ड	य	भ	भ	थ	स	ण	स
ा	म	न	ड	च	ण	म	ो	ट	र	ण	र	ख	्
र	भ	आ	ञ	ख	उ	न	द	ण	ो	र	्	प	थ
्	ढ	ठ	ण	र	म	ष	ा	ो	ठ	त	य	ग	ि
ि	ञ	ह	घ	ड	ल	ा	ह	क	ण	ि	ि	प	र
न	उ	इ	य	थ	व	ब	प	स	त	व	ग	ग	त
छ	ष	श	च	उ	ञ	आ	ठ	म	ल	ण	इ	छ	ा

कोण
अक्ष
गणना
निर्माण
गहराई
आरेख
व्यास
डीजल
वितरण
ऊर्जा
इंजन
गियर्स
लीवर
तरल
मशीन
माप
मोटर
प्रणोदन
स्थिरता
संरचना

56 - Kitchen

म	भ	ट	च	ग	श	थ	क	स	ढ	च	ढ	क	स
स	◌ो	श	◌ा	◌्	प	ह	र	◌े	ख	ठ	र	र	◌्
◌ा	ज	आ	क	र	ज	ग	उ	ह	त	ल	ज	छ	प
ल	न	च	◌ू	◌ि	श	श	उ	र	व	ल	र	◌ु	◌ं
◌े	आ	घ	उ	ल	ण	च	भ	प	◌ि	व	◌ी	ल	ज
क	ठ	न	स	व	ण	म	ओ	आ	ध	च	◌्	प	ब
ठ	ट	ए	च	व	क	स	व	च	◌ि	◌ी	फ	प	आ
ध	◌े	◌ो	ह	थ	ड	प	न	त	घ	न	ब	ध	र
ष	◌ं	ज	र	◌ि	◌्	फ	र	त	ए	◌ी	ठ	ग	भ
ऊ	◌ा	ट	इ	◌ा	च	म	◌्	म	च	क	ए	भ	भ
भ	क	ख	ऊ	घ	ष	ख	प	छ	ख	◌ा	ध	ऊ	आ
न	◌ै	प	क	◌ि	न	श	ए	ल	ड	◌ॅ	म	ब	ऊ
घ	य	र	ऊ	ढ	द	ह	छ	ढ	ठ	ट	ध	ट	ष
ऊ	ट	ह	ण	ट	ध	ऊ	म	म	प	◌ा	व	स	व

एप्रन
कटोरा
चीनी काँटा
कप
भोजन
कांटे
फ्रीजर
ग्रिल
जग
केतली
चाकू
करछुल
नैपकिन
ओवन
विधि
फ्रिज
मसाले
स्पंज
चम्मच

57 - Government

ण	ण	स	ट	स	द	भ	आ	छ	ण	र	घ	च	च
र	ष	प	व	छ	◌्	स	◌ं	व	◌ि	ध	◌ा	न	र
◌्	◌ा	छ	ख	ऊ	ल	व	◌ि	◌ि	स	त	र	त	◌्
प	भ	ज	आ	ड	ट	य	त	◌ा	न	◌ा	म	स	च
◌ू	ल	ष	न	न	◌े	त	◌ा	◌ं	च	प	इ	ट	◌ा
त	ड	ऊ	न	◌ी	य	र	त	◌्	त	◌ं	क	◌ो	ल
◌ि	ब	ल	◌ू	द	त	ज	◌ि	ल	◌ा	◌्	उ	ट	ह
◌ं	ए	ए	◌ा	ध	व	◌ि	फ	न	स	ट	र	ऊ	इ
◌ा	थ	म	क	र	आ	ज	◌ा	द	◌ी	य	ह	त	ल
श	न	◌्	य	◌ा	य	◌ि	क	ण	र	य	श	प	◌ा
न	◌ा	ग	र	◌ि	क	त	◌ा	ए	श	◌ा	त	श	त
ध	ठ	इ	ट	स	◌्	म	◌ा	र	क	◌्	ज	ऊ	फ
च	थ	उ	प	◌्	र	त	◌ी	क	ढ	न	द	◌्	च
र	◌ा	ष	◌्	ट	◌्	र	ध	ब	व	ष	र	द	य

नागरिकता
सिविल
संविधान
लोकतंत्र
चर्चा
जिला
समानता
आजादी
न्यायिक
न्याय
कानून
नेता
स्वतंत्रता
स्मारक
राष्ट्र
शांतिपूर्ण
राजनीति
भाषण
राज्य
प्रतीक

58 - Art Supplies

प	आ	त	◌ा	क	म	त	◌्	◌ा	न	च	र	ल	न
य	◌ा	ह	त	◌ा	ग	◌ं	र	ल	ज	ल	ब	◌े	ट
थ	ए	न	ए	ग	◌ं	◌ो	ट	म	ल	य	ड	ए	प
न	ख	इ	◌ी	ज	र	थ	◌ं	त	◌े	ल	◌़	क	म
व	◌ि	च	◌ा	र	◌ो	◌ं	◌े	द	फ	ट	ख	◌्	न
च	ञ	र	स	◌ा	ट	म	प	स	द	स	व	र	ढ
◌ि	ग	च	आ	म	छ	छ	◌ि	श	र	◌्	ब	◌ि	स
त	ट	ग	आ	◌ै	ए	छ	छ	ट	ण	◌े	य	ल	◌्
◌्	च	त	ग	क	ए	ऊ	श	छ	◌्	प	घ	◌ि	य
र	ठ	प	◌े	◌ं	स	◌ि	ल	थ	इ	ट	ख	क	◌ा
फ	क	◌ु	र	◌्	स	◌ी	ञ	आ	त	फ	◌ी	ध	ह
ल	थ	ह	भ	ट	थ	ग	फ	ञ	ऊ	ए	छ	ध	◌ी
क	ञ	ठ	ड	स	घ	ष	ध	ढ	प	इ	ल	स	भ
र	प	ए	ऊ	छ	इ	ञ	ग	भ	ह	थ	ऊ	ध	श

एक्रेलिक
ब्रश
कैमरा
कुर्सी
मिट्टी
रंग
रचनात्मकता
चित्रफलक
रबड़
गोंद
विचारों
स्याही
तेल
पेंट
कागज
पेस्टल
पेंसिल
टेबल
पानी
जल रंग

59 - Science Fiction

र	प	◌्	र	◌ौ	द	◌्	य	◌ो	ग	ि	क	◌ी	आ
आ	स	श	◌ा	न	द	◌ा	र	ड	घ	ष	ऊ	ख	द
फ	क	◌ा	ए	ए	ग	घ	म	◌ा	न	◌े	ि	स	र
◌्	न	◌ा	य	त	◌्	र	र	य	छ	ब	द	र	◌्
य	ि	आ	श	न	र	ध	◌्	स	आ	त	◌ु	ह	श
◌ू	प	क	द	व	ह	ढ	भ	◌्	ग	श	न	स	ल
च	ल	◌ा	घ	घ	◌ा	य	ब	ट	फ	ट	ि	◌्	◌ो
र	◌्	श	ग	द	ष	ण	ख	◌ो	ब	फ	य	य	क
ि	◌ा	ग	ऊ	ऊ	ए	◌ु	◌ी	प	ऊ	◌ो	◌ा	म	च
स	क	◌ं	ण	च	ण	◌ा	फ	ि	ञ	स	◌ो	य	थ
◌्	ह	ग	ग	द	ण	म	ढ	य	ए	◌्	द	र	र
ट	च	◌ा	ढ	थ	ऊ	र	ग	◌ा	ढ	ि	म	म	इ
ि	म	ए	घ	च	न	प	ग	ऊ	ञ	व	च	र	म
क	ए	ध	थ	ढ	न	प	◌ु	स	◌्	त	क	◌े	◌ं

परमाणु
पुस्तकें
रसायन
सिनेमा
डायस्टोपिया
विस्फोट
चरम
शानदार
आग
फ्यूचरिस्टिक

आकाशगंगा
भ्रम
काल्पनिक
रहस्यमय
आकाशवाणी
ग्रह
रोबोट
प्रौद्योगिकी
आदर्शलोक
दुनिया

60 - Geometry

ए	म	छ	भ	म	छ	स	ख	ए	ऊ	द	न	घ	ब
ड	ह	द	ढ	ठ	स	म	◌ा	न	◌ा	◌ं	त	र	य
क	◌्	ष	◌ै	त	◌ि	ज	इ	ख	म	ष	ध	व	भ
ख	◌ं	ड	स	◌ा	म	घ	इ	छ	ई	च	◌ा	◌ं	ऊ
र	ट	आ	त	स	◌ं	ख	◌्	य	◌ा	ठ	◌ं	त	ऊ
ध	थ	य	ह	उ	थ	ड	फ	ग	न	इ	द	◌्	भ
क	ण	◌ा	ड	इ	ष	प	ध	म	ण	स	◌्	र	प
स	◌ो	म	श	ग	प	य	ब	ञ	ग	इ	◌ि	◌ि	ष
ख	म	ण	र	क	◌ी	म	स	फ	ञ	त	स	क	ष
ढ	स	र	म	उ	आ	छ	स	प	त	ठ	इ	◌ो	ठ
स	र	◌्	◌ू	त	प	◌ा	◌ु	न	अ	त	ट	ण	ख
ष	छ	क	ष	प	र	ण	ञ	ठ	फ	इ	छ	उ	ल
य	ड	व	छ	इ	त	◌्	ण	ग	व	◌्	य	◌ा	स
म	◌ा	ध	◌्	य	द	◌ा	क	त	व	◌ृ	त	◌्	त

कोण
गणना
वृत्त
वक्र
व्यास
आयाम
समीकरण
ऊंचाई
क्षैतिज
तर्क

मास
माध्य
संख्या
समानांतर
अनुपात
खंड
सतह
समरूपता
सिद्धांत
त्रिकोण

61 - Creativity

क	आ	ण	भ	द	ट	च	स	न	ऊ	इ	ए	घ	त
ल	व	ब	◌ा	ख	उ	त	ल	न	स	र	ग	छ	त
◌्	◌ि	त	व	र	छ	व	◌ि	ट	स	श	छ	भ	◌ि
प	ष	र	न	द	र	न	म	श	ध	न	व	ए	क
न	◌्	ल	◌ा	र	ठ	◌े	ए	छ	त	उ	◌ी	य	◌्
◌ा	क	त	ए	◌्	ग	ठ	◌्	न	◌ा	ट	क	◌ी	य
र	◌ा	◌ा	◌ँ	श	ख	ब	च	प	ट	त	म	फ	व
फ	र	स	व	न	ठ	स	ण	◌ा	ष	◌ी	त	प	◌्
आ	श	ह	आ	◌ि	फ	ख	ड	छ	◌्	व	◌्	उ	◌ि
ग	◌ी	ज	ह	स	च	ट	ण	छ	प	◌्	◌ा	इ	भ
व	ल	ब	ऊ	ठ	ठ	◌ा	ढ	ग	◌्	र	ल	ञ	अ
ड	व	◌ो	क	◌ौ	श	ल	र	उ	स	त	क	ट	ग
श	द	ध	इ	ह	ल	उ	ष	◌ो	फ	◌ा	र	छ	ए
ज	◌ी	व	न	श	क	◌्	त	◌ि	◌ं	ष	ब	ब	ख

कलात्मक
स्पष्टता
नाटकीय
भावनाएँ
अभिव्यक्ति
तरलता
विचारों
छवि
कल्पना
छाप
प्रेरणा
तीव्रता
सहज बोध
आविष्कारशील
सनसनी
कौशल
सहज
दर्शन
जीवन शक्ति

62 - Airplanes

न	अ	ठ	ब	ष	स	प	◌ा	य	ल	ट	व	ए	ट
◌े	व	ठ	ण	ड	इ	भ	फ	म	उ	र	भ	व	ट
व	त	द	म	ख	ल	ए	य	◌ु	◌ा	व	ख	द	त
◌ि	र	न	◌ा	ख	स	ह	◌ा	◌ि	त	इ	ञ	थ	◌ि
ग	ण	◌ू	र	भ	आ	आ	त	ड	द	ह	य	न	◌ं
◌े	ल	न	◌्	च	ठ	ब	◌्	ड	◌ि	ए	त	ध	◌ा
ट	ड	च	◌ि	क	घ	आ	र	द	ई	ज	व	◌ं	श
र	म	ऊ	न	थ	स	प	◌ी	◌ि	च	न	◌ा	ई	अ
ह	◌ं	र	य	भ	द	◌ि	ए	श	◌ा	क	आ	इ	ऊ
ग	य	च	छ	आ	ए	छ	ह	◌ा	◌ं	त	ह	ध	न
ग	◌ु	ब	◌्	ब	◌ा	र	◌ा	◌ा	ऊ	म	त	ठ	ज
ह	◌ा	इ	ड	◌्	र	◌ो	ज	न	स	द	थ	ए	◌ं
फ	व	ल	आ	छ	ऊ	व	ठ	श	म	फ	ढ	इ	इ
म	छ	ल	उ	ग	ख	म	च	ढ	त	ह	ग	आ	ल

साहासिक
वायु
वायुमंडल
गुब्बारा
निर्माण
क्रू
वंश
डिजाइन
दिशा
इंजन
ईंधन
ऊंचाई
इतिहास
हाइड्रोजन
अवतरण
नेविगेट
यात्री
पायलट
आकाश
अशांति

63 - Ocean

ठ	ब	फ	आ	ज	ख	छ	ह	ध	ढ	म	श	ण	ऑ
ञ	स	ड	ह	ड	◌्	थ	य	ञ	फ	◌ू	◌ै	न	क
ब	ग	म	ष	◌ॉ	ष	व	ग	ढ	श	◌ं	व	छ	◌्
◌ं	◌े	र	ह	ल	स	न	◌ा	◌ू	ट	ग	◌ा	व	ट
क	छ	◌ु	आ	◌्	◌ी	इ	म	र	प	◌ा	ल	ष	◌ो
म	र	छ	व	फ	प	भ	इ	छ	ड	ठ	ए	इ	प
न	ल	◌्	द	◌ि	फ	ञ	ढ	आ	ल	आ	उ	क	स
च	त	उ	◌ा	न	ट	◌ा	◌्	ट	च	◌ी	इ	◌े	ठ
ध	प	फ	उ	श	फ	◌़	◌ि	ल	◌ि	◌े	ज	क	भ
स	म	◌ु	द	◌्	र	◌ी	श	◌ै	व	◌ा	ल	ड	झ
आ	व	◌्	ह	◌े	ल	भ	ध	ड	त	ऊ	छ	◌़	◌ी
न	न	त	ष	न	म	ध	स	ह	म	ब	उ	◌ा	◌ं
ण	ड	य	त	ढ	र	ग	ऊ	इ	आ	◌ं	ध	◌ी	ग
थ	श	इ	स	◌्	प	◌ं	ज	न	ऊ	ट	म	ध	◌ा

शैवाल
मूंगा
केंकड़ा
डॉल्फिन
मछली
जेलिफ़िश
ऑक्टोपस
सीप
चट्टान
नमक
समुद्री शैवाल
शार्क
झींगा
स्पंज
आंधी
ज्वार
टूना
कछुआ
लहरें
व्हेल

64 - Force and Gravity

अ	स	ढ	क	ण	आ	ध	ऊ	घ	ढ	द	ब	ा	व
क	ग	ा	ी	र	उ	त	ऊ	प	उ	व	ब	भ	भ
्	इ	ड	र	ो	ू	द	ट	ल	न	त	ख	ण	ा
ष	ए	घ	ि	्	इ	ड	छ	प	ञ	ख	ब	द	र
व	श	ग	त	र	व	ध	थ	ढ	ा	ख	म	छ	्
ध	ट	त	्	द	ष	भ	ष	ह	ज	प	ो	श	प
व	ठ	ि	ं	्	श	ष	ौ	उ	्	ण	स	ज	प
ल	आ	श	ा	ं	ट	घ	र	म	व	ड	म	ड	व
ब	फ	ी	य	े	ण	ण	च	ह	ि	ख	य	ट	ि
प	ञ	ल	क	क	्	ष	ा	फ	क	क	ल	छ	स
च	ु	ं	ब	क	त	्	व	इ	त	व	ज	न	्
ग	ु	ण	ह	ो	ं	र	्	ग	ि	ग	न	थ	त
ट	इ	न	फ	द	ढ	घ	म	व	ौ	ढ	त	ष	ा
इ	ड	थ	ष	ण	व	ख	र	म	भ	आ	उ	ि	र

अक्ष
केंद्र
खोज
दूरी
गतिशील
विस्तार
घर्षण
प्रभाव
चुंबकत्व
यांत्रिकी
गति
कक्षा
भौतिक विज्ञान
ग्रहों
दबाव
गुण
समय
सार्वभौमिक
वजन

65 - Birds

प	ल	थ	ष	श	ञ	ऊ	र	ष	त	ट	ह	च	म
ह	ब	ण	द	ण	च	ट	◌ू	क	◌े	न	य	ि◌	◌ू
ह	ख	ग	ठ	ड	म	य	र	ञ	ग	आ	◌ौ	क	र
इ	व	श	◌ु	त	◌ु	र	म	◌ु	र	◌्	ग	न	◌्
ष	य	◌ा	र	◌ै	◌ौ	ग	स	◌ं	ह	घ	ऊ	घ	ख
क	त	ग	स	ग	ह	च	◌ा	च	ई	ग	ल	ह	म
त	ब	त	त	◌ौ	ब	इ	र	प	ब	उ	य	थ	न
ञ	◌ो	◌ू	ह	ञ	ल	ध	स	◌े	◌ा	ध	◌ो	द	◌ु
व	स	त	त	ड	◌ा	◌ं	अ	◌ं	ज़	द	क	द	ष
त	आ	श	◌ा	र	◌ु	ल	ञ	ग	ए	ब	ग	न	◌्
श	इ	द	ख	ण	ग	ऊ	द	◌ु	ग	म	◌ो	र	य
ब	त	ख	ठ	छ	ब	ऊ	प	इ	ख	फ	द	ल	ख
त	फ	स	ट	थ	ल	ह	ब	न	ऊ	ए	थ	व	ह
र	◌ा	ज	ह	◌ं	स	ध	फ	ब	ख	य	न	ब	व

चिकन
कौआ
कोयल
बतख
ईगल
अंडा
राजहंस
मूर्ख मनुष्य
बाज़
बगुला

शुतुरमुर्ग
तोता
मोर
हवासील
पेंगुइन
कबूतर
गौरैया
सारस
हंस
टूकेन

66 - Nutrition

क	आ	व	◌ि	ष	भ	◌ू	ख	घ	ख	ट	द	ऊ	थ
ड	आ	ह	ञ	ढ	छ	स	ष	त	प	च	ण	म	व
◌़	छ	भ	◌ा	स	ब	ह	छ	आ	द	त	◌े	◌ं	ट
व	त	छ	ष	र	◌्	न	य	य	व	इ	घ	प	ल
◌ा	ग	व	आ	न	व	व	न	स	◌ा	थ	फ	◌्	त
च	ञ	ग	द	च	◌ि	ण	◌ा	प	◌्	थ	म	र	र
ग	ट	ल	ल	फ	ट	◌्	ब	स	स	त	इ	◌ो	ल
◌ु	क	न	भ	फ	◌ा	◌ि	य	द	◌्	◌ा	ख	ट	प
ण	◌ै	च	◌ी	ट	म	क	त	ग	ब	थ	ह	◌ी	द
व	ल	◌ा	त	ल	◌ि	त	◌ु	◌ं	स	स	◌्	न	◌ा
त	◌ो	प	ड	ल	न	फ	ए	आ	ख	◌्	व	य	र
◌्	र	प	◌ु	ष	◌्	ट	◌ि	क	र	व	ज	उ	◌्
त	◌ी	ऊ	ण	ग	ह	आ	ल	ठ	भ	◌्	न	ब	थ
◌ा	ग	र	ए	र	ड	फ	न	भ	ल	स	ण	द	न

भूख
संतुलित
कड़वा
कैलोरी
आहार
पाचन
खाद्य
किण्वन
स्वाद
आदतें

स्वास्थ्य
स्वस्थ
तरल पदार्थ
पुष्टिकर
प्रोटीन
गुणवत्ता
चटनी
विष
विटामिन
वजन

67 - Hiking

च	ग	ष	श	प	फ	स	ड	द	र	न	ज	इ	ण
ट	◌ा	श	◌ि	ह	य	त	◌े	◌ू	ज	क	◌ा	ए	ह
◌्	इ	ख	ख	◌ा	ख	◌ु	र	ए	त	◌्	न	व	च
ट	ड	प	र	ड	ज	थ	◌ा	ख	ञ	श	व	ड	च
◌ा	अ	◌्	स	◌़	◌ं	य	ड	व	य	◌ा	र	र	छ
न	भ	र	म	आ	ग	घ	◌ा	छ	ल	न	◌ो	◌ी	ञ
ड	◌ि	क	◌्	य	ल	फ	ल	इ	ष	ज	◌ं	य	प
ठ	व	◌ृ	म	भ	◌ी	◌ं	न	थ	क	ग	य	◌ा	◌ा
ड	◌ि	त	◌े	छ	◌ा	◌ो	◌ा	ण	इ	व	श	◌ै	न
प	न	◌ि	ल	म	उ	र	थ	◌्	त	प	ड	त	◌ी
◌ा	◌्	श	न	फ	द	त	◌ी	स	◌ू	र	◌्	य	ट
र	य	ग	ड	ढ	ठ	ख	त	ड	उ	श	ल	न	ए
◌्	◌ा	ट	च	फ	श	ण	ड	ठ	ण	र	र	ऊ	भ
क	स	ड	ण	थ	भ	ऊ	स	म	ध	त	श	ध	ल

जानवरों
जूते
डेरा डालना
चट्टान
जलवायु
गाइड़
खतरों
भारी
नक्शा
पहाड़
प्रकृति
अभिविन्यास
पार्क
तैयारी
पत्थर
शिखर सम्मेलन
सूर्य
थक गया
पानी
जंगली

68 - Professions #1

स	ण	न	ञ	ल	ए	य	द	आ	क	द	व	छ	न
य	ल	ढ	ढ	आ	फ	छ	घ	ए	ो	र	ऊ	ण	ढ
स	ं	प	ा	द	क	ण	फ	ए	च	्	ब	ञ	म
प	ि	य	ा	न	ो	व	ा	द	क	ज	भ	ठ	ष
व	ठ	स	ऊ	उ	घ	ध	त	र	र	ौ	ह	ौ	ज
क	व	इ	ञ	ट	म	र	ी	क	ा	ि	श	ट	प
ौ	प	ठ	आ	थ	ह	ह	ब	ा	ट	ज	इ	ञ	फ
ल	क	न	ल	स	ा	ज	़	त	न	ढ	द	ञ	ए
द	व	ट	म	फ	ख	द	ह	ग	इ	ए	ष	ू	ब
च	ि	क	ि	त	्	स	क	ी	त	्	र	न	त
प	ा	ण	न	ञ	ख	र	क	ं	ै	ब	श	ख	न
फ	न	ढ	य	प	म	ट	च	स	्	र	न	फ	ऊ
म	न	ो	व	ै	ज	्	ञ	ा	न	ि	क	ऊ	ड
ख	ग	ो	ल	व	ि	ज	्	ञ	ा	न	ी	आ	ब

राजदूत
खगोल विज्ञानी
वकील
बैंकर
कोच
नर्तकी
चिकित्सक
संपादक
शिकारी
जौहरी
संगीतकार
नर्स
पियानोवादक
नलसाज़
मनोवैज्ञानिक
नाविक
दर्जी

69 - Barbecues

भ	छ	ऊ	ख	ह	द	भ	ण	व	स	ध	ट	ग	ग
य	◌ो	थ	ठ	स	इ	भ	थ	ब	◌ं	ए	ऊ	र	◌्
फ	स	ज	ध	द	ल	छ	इ	च	ग	घ	ल	म	र
ल	म	ड	न	ए	र	◌ा	ऊ	◌्	◌ौ	न	ट	च	◌ि
ष	त	◌ो	◌ं	स	◌्	◌ो	द	च	त	श	छ	ल	ल
क	◌ा	◌ं	ट	◌े	न	भ	छ	◌े	ऊ	ष	ह	ए	स
च	◌ि	क	न	थ	म	ड	ठ	फ	भ	क	म	न	ब
ख	ध	ख	द	ल	ध	ख	उ	ड	फ	◌ू	ग	म	◌्
ढ	र	◌े	प	च	इ	घ	थ	ड	ह	◌ा	ख	प	ज
व	ट	ल	ख	स	ख	ग	ख	ऊ	न	च	ड	र	◌ि
र	◌ा	त	क	◌ा	ख	◌ा	न	◌ा	ल	आ	ड	◌ि	य
फ	म	ञ	आ	घ	ग	य	ऊ	ठ	ट	आ	ट	व	◌ा
ढ	ट	ल	द	भ	आ	ब	घ	व	ग	ड	आ	◌ा	◌ं
भ	ध	भ	ढ	द	ष	ड	च	आ	म	◌ौ	◌्	र	ग

चिकन
बच्चे
रात का खाना
परिवार
भोजन
कांटे
दोस्तों
फल
खेल
ग्रिल

गरम
भूख
चाकू
संगीत
सलाद
नमक
चटनी
गर्मी
टमाटर
सब्जियां

70 - Chocolate

च	ख	स	ह	ढ	ह	ञ	क	भ	ढ	ट	ध	ल	ऊ
ह	ग	◌्	ह	आ	ठ	ऊ	◌ो	ट	च	ह	ट	द	स
र	ऊ	व	श	क	ल	म	क	श	छ	भ	फ	ल	◌्
त	त	◌ा	म	◌ै	ट	स	◌ो	द	ख	ऊ	ख	ट	व
ण	न	द	ग	◌ं	छ	घ	न	◌ा	र	◌ि	य	ल	◌ा
च	व	◌ा	◌़	ड	क	◌ै	ल	◌ो	र	◌ी	प	◌ी	द
आ	◌ी	र	ट	◌ी	◌ु	क	ह	ध	ग	स	◌्	फ	◌ि
य	त	न	थ	ष	र	ऊ	ए	प	स	◌ु	र	ग	ष
ल	भ	श	◌ी	द	◌े	◌ि	व	द	ट	ग	◌ि	◌ं	◌्
प	◌ा	उ	ड	र	म	◌ि	ठ	◌ा	ई	◌ं	य	◌ू	ट
ग	◌ु	ण	व	त	◌्	त	◌ा	ठ	म	ध	आ	म	ण
ए	◌ं	ट	◌ी	ऑ	क	◌्	स	◌ी	ड	◌े	◌ं	ट	ब
ऊ	म	ए	व	◌ि	ध	◌ि	श	द	श	भ	च	द	ट
र	ह	ष	ढ	ल	श	त	ष	इ	छ	थ	ध	श	ट

एंटीऑक्सीडेंट
सुगंध
कुटीर
कड़वा
कोको
कैलोरी
कैंडी
नारियल
स्वादिष्ट
विदेशी
प्रिय
घटक
मूंगफली
पाउडर
गुणवत्ता
विधि
चीनी
मिठाई
स्वाद

71 - Vegetables

म	ल	ब	आ	ह	ल	ह	स	◌ु	न	ब	ब	श	ठ
श	छ	◌ै	न	इ	◌ा	व	ज	अ	ञ	◌्	घ	फ	उ
र	ऊ	◌ं	ग	स	म	थ	ष	उ	थ	र	◌ा	◌ी	ख
◌ू	थ	ग	प	◌ा	ल	ह	◌ी	स	ष	◌ो	ख	च	घ
म	य	न	◌्	ब	ज	ऊ	त	च	ड	क	र	द	अ
ज	घ	त	य	व	घ	र	ष	ग	क	◌ो	फ	उ	स
ल	ग	◌ू	◌ा	न	घ	ट	भ	ञ	य	ल	भ	ल	ल
श	थ	◌ै	ज	ढ	ढ	◌ा	उ	न	द	◌ी	◌ी	ब	◌ा
ब	ञ	ज	म	थ	य	म	प	◌ा	ल	क	ग	◌ू	द
अ	ज	म	◌ो	द	उ	ट	श	ढ	ए	म	◌ो	प	म
क	द	◌्	द	◌ू	ख	ऊ	इ	उ	ढ	ट	ल	ध	ए
च	ल	ग	ठ	इ	श	उ	इ	श	म	र	◌ू	प	न
ण	ण	ष	द	स	प	ध	फ	ठ	आ	घ	फ	य	प
ट	ब	श	त	इ	ख	म	द	उ	ख	ग	द	आ	भ

हाथी चक
ब्रोकोली
गाजर
फूलगोभी
अजवाइन
खीरा
बैंगन
लहसुन
अदरक
मशरूम

जैतून
प्याज
अजमोद
मटर
कद्दू
मूली
सलाद
पालक
टमाटर
शलजम

72 - The Media

व	न	स	◌ं	च	◌ा	र	व	भ	ठ	च	ट	र	न
स	◌ा	न	◌े	ट	व	र	◌्	क	इ	ब	ब	◌े	व
◌्	ठ	ण	क	◌ो	ट	◌ि	ष	◌्	◌ृ	द	ठ	ड	श
थ	क	न	◌ि	ज	व	र	◌्	◌ा	स	ट	ड	◌ि	◌ि
◌ा	ऊ	ढ	च	ज	ब	◌ौ	द	◌्	ध	◌ि	क	य	क
न	ग	च	द	न	◌्	ढ	घ	म	प	व	स	◌ो	◌्
◌ी	ए	व	भ	श	च	य	◌ा	र	त	◌्	◌ं	ऑ	ष
य	ट	छ	ल	ट	ज	◌ि	◌ि	ड	◌्	य	स	न	◌ा
त	स	◌्	व	◌ी	र	◌े	◌ं	क	र	क	◌्	ल	ख
व	◌ि	ज	◌्	ञ	◌ा	प	न	ध	◌ि	◌्	क	◌ा	फ
प	थ	त	थ	थ	म	त	ऊ	त	क	त	र	इ	च
उ	द	◌्	य	◌ो	ग	थ	स	ठ	◌ा	◌ि	ण	न	छ
ए	ट	न	ध	इ	व	◌्	र	श	ओ	ग	छ	ऊ	फ
ट	न	छ	श	न	र	य	स	य	◌ं	ण	ष	ण	व

विज्ञापन
दृष्टिकोण
वाणिज्यिक
संचार
डिजिटल
संस्करण
शिक्षा
तथ्य
व्यक्ति
उद्योग
बौद्धिक
स्थानीय
पत्रिकाओं
नेटवर्क
ऑनलाइन
राय
तस्वीरें
सार्वजनिक
रेडियो

73 - Boats

ह	ड	ग	छ	द	ह	ग	म	उ	फ	ड	झ	ी	ल
ऊ	र	ो	ञ	स	म	ु	द	्	र	ग	ा	स	त
ब	द	द	र	प	ी	ल	ह	र	े	ं	ग	न	ू
उ	े	ी	थ	त	ी	्	श	क	भ	इ	ी	प	्
भ	ध	ड	ध	ण	ब	इ	स	म	उ	ट	ं	स	स
स	व	ड	़	त	ऊ	ञ	प	र	भ	छ	ो	ज	म
ह	क	व	ि	ा	न	ज	्	व	ा	र	ड	द	न
स	म	ु	द	्	र	ी	इ	फ	ञ	म	स	त	ग
प	स	ए	उ	च	भ	इ	ष	ग	ट	उ	े	त	श
ञ	ञ	म	ब	ट	ध	ठ	ब	न	प	ठ	ल	न	ए
ल	ं	ग	र	ख	म	ब	क	्	र	ू	ब	द	घ
ध	ह	ड	ब	ख	स	ो	ा	ए	त	प	ो	ी	ए
य	च	ख	ट	ऊ	इ	य	ौ	ढ	ण	ध	ट	ह	द
य	ध	इ	ल	ल	ह	ा	न	र	ट	व	भ	ण	ह

लंगर
बोया
डोंगी
क्रू
गोदी
इंजन
कश्ती
झील
मस्तूल
समुद्री

सागर
बेड़ा
नदी
रस्सी
सेलबोट
नाविक
समुद्र
ज्वार
लहरें
नौका

74 - Driving

प	◌ै	द	ल	य	◌ा	त	◌्	र	◌ी	र	म	इ	फ
य	ख	प	स	ल	◌ि	◌ु	प	द	द	ट	ण	ध	ध
थ	ए	ञ	स	ड	ड	व	भ	◌ु	फ	आ	ऊ	य	ध
ग	◌ै	र	◌े	ज	◌़	स	व	र	◌ा	क	◌ि	◌ा	ण
थ	ब	ट	◌ं	ल	भ	क	र	◌्	ट	श	छ	त	भ
ई	च	◌ो	इ	ल	म	र	ट	घ	ए	◌ा	ऊ	◌ा	ग
फ	◌ं	म	◌ा	न	द	◌े	व	ट	आ	◌्	थ	य	य
श	त	ध	ल	ट	ग	◌्	फ	न	प	क	ल	◌ा	च
थ	उ	इ	न	र	स	ब	त	◌ा	ढ	न	आ	त	ण
स	◌ु	र	क	◌्	ष	◌ा	र	त	ख	द	ञ	र	उ
◌ै	म	◌ो	ट	र	स	◌ा	इ	क	◌ि	ल	थ	ञ	घ
ग	थ	ढ	स	◌ु	र	◌ं	ग	ढ	व	ल	द	फ	त
ह	श	ल	च	ष	उ	आ	ख	ढ	छ	ह	ध	फ	ग
ढ	च	ट	श	ण	उ	ह	थ	थ	ञ	छ	ब	र	स

दुर्घटना
ब्रेक
कार
खतरा
चालक
ईंधन
गैरेज
गैस
लाइसेंस
नक्शा
मोटर
मोटरसाइकिल
पैदल यात्री
पुलिस
सड़क
सुरक्षा
गति
यातायात
ट्रक
सुरंग

75 - Professions #2

थ	भ	ख	म	स	श	क	भ	ह	थ	ष	आ	ध	ल
च	स	म	ध	ऊ	घ	◌ो	◌ि	द	ए	छ	आ	ग	◌ा
उ	क	ष	इ	ध	इ	र	ध	स	स	◌ू	◌ा	ज	इ
घ	र	भ	भ	ल	ऊ	य	ए	क	◌ा	थ	उ	म	ब
र	क	ए	भ	भ	म	न	व	प	र	न	घ	घ	◌्
द	◌ा	र	◌्	श	न	◌ि	क	◌ा	भ	◌्	न	छ	र
ढ	ष	क	श	ब	ज	ज	य	य	ण	छ	त	र	◌े
ब	◌्	◌ा	◌ि	न	◌्	◌ी	थ	ल	◌ी	◌ा	म	◌ा	र
ध	◌ि	र	क	इ	र	◌ं	फ	ट	फ	ध	उ	ध	◌ि
ऊ	व	◌्	◌्	छ	स	इ	ड	ट	ण	फ	भ	ण	य
थ	आ	त	ष	◌ी	भ	◌ा	◌ु	ह	ब	इ	ड	र	न
ह	र	प	क	इ	ल	स	◌्	ट	◌्	र	◌े	ट	र
ज	◌ी	व	व	◌ि	ज	◌्	ञ	◌ा	न	◌ी	ठ	ऊ	ख
द	◌ं	त	च	◌ि	क	◌ि	त	◌्	स	क	इ	त	प

जीवविज्ञानी
दंत चिकित्सक
जासूस
इंजीनियर
किसान
माली
इलस्ट्रेटर
आविष्कारक
पत्रकार
लाइब्रेरियन
बहुभाषी
दार्शनिक
पायलट
शोधकर्ता
सर्जन
शिक्षक

76 - Mythology

व	य	ो	द	्	ध	ा	ग	अ	स	म	फ	ढ	फ
ध	ि	प	फ	ल	ण	च	म	म	ं	ू	ए	ल	ड
ण	ह	श	व	इ	ड	श	ष	र	स	ल	ष	उ	उ
य	ा	ष	्	्	र	ई	इ	त	्	र	ढ	ञ	ढ
आ	छ	इ	र	व	्	श	न	ा	क	ू	ख	इ	श
ल	ी	ज	ि	ब	ा	द	प	आ	ृ	प	ढ	र	व
म	व	ं	व	द	ब	स	घ	ञ	त	आ	द	ा	ल
क	्	त	ा	व	े	द	ो	ड	ि	द	ण	क	ल
इ	य	ु	ब	ख	य	ञ	घ	ं	उ	र	ञ	्	थ
म	व	ा	घ	द	थ	ठ	ख	य	ऊ	्	आ	ष	प
ह	ह	भ	न	न	ल	ठ	द	उ	च	श	स	स	ञ
थ	ा	क	त	ं	द	ा	र	ढ	ब	ण	ृ	च	ह
ज	र	ग	र	्	व	्	स	आ	ए	छ	ज	म	ल
भ	ू	ल	भ	ु	ल	ै	य	ा	ल	ख	न	घ	ष

मूलरूप आदर्श
व्यवहार
विश्वासों
सृजन
जंतु
संस्कृति
देवता
आपदा
स्वर्ग
नायक
अमरता
ईर्ष्या
भूलभुलैया
दंतकथा
बिजली
राक्षस
नश्वर
बदला
गरज
योद्धा

77 - Hair Types

ब	ल	◌्	र	क	म	क	ल	ञ	र	ए	क	ठ	ख
ऊ	◌े	ह	न	र	म	◌ो	स	ट	◌ा	प	◌ा	च	ण
द	र	प	र	◌ा	◌ो	ग	ट	छ	द	उ	ल	भ	ब
थ	◌ा	भ	ख	◌ा	◌ू	स	म	◌ा	क	ध	◌ा	फ	घ
ए	घ	ण	ठ	ट	त	उ	छ	ब	म	◌ू	भ	ऊ	छ
द	◌ं	र	ण	ठ	द	◌ी	◌ँ	◌ा	च	स	न	च	आ
ण	◌ु	ष	ह	ढ	न	ग	◌ी	◌ं	र	र	आ	थ	ण
ग	घ	व	ध	ह	घ	ध	ब	ल	भ	◌ू	र	◌ा	ह
ड	घ	स	ह	न	त	ह	उ	द	घ	छ	प	भ	म
श	फ	फ	द	फ	ठ	ड	त	ष	ग	ए	त	न	ग
ञ	घ	च	ढ	ठ	ञ	ठ	ए	ऊ	◌ं	ग	ल	ऊ	न
द	◌े	फ	स	◌्	व	स	◌्	थ	ज	स	◌ा	त	फ
च	त	ग	ण	ल	व	द	इ	ब	◌ा	ह	त	म	न
प	द	य	थ	छ	ह	च	न	म	ध	ढ	ठ	फ	थ

गंजा
काला
गोरा
लट
भूरा
रंगीन
कर्ल
घुंघराले
सूखा
धूसर

स्वस्थ
लंबा
चमकदार
कम
चाँदी
नरम
मोटा
पतला
लहराती
सफेद

78 - Garden

ह	ल	य	ह	ण	स	घ	ट	स	घ	भ	ञ	ब	फ
घ	न	श	इ	घ	त	च	द	द	श	ऊ	ष	य	ल
च	इ	ऊ	प	य	ढ	ल	ऊ	त	व	छ	थ	ए	◌ो
श	त	द	फ	ढ	न	इ	च	छ	◌ा	ए	द	ब	द
भ	ह	श	ए	◌ू	ष	ब	◌ं	र	फ	ल	ट	ऊ	◌्
त	घ	◌ा	स	◌ी	ल	न	◌े	ठ	◌ा	छ	◌ा	भ	य
य	छ	र	प	म	◌ा	◌ॉ	ब	ल	व	छ	क	ब	◌ा
ग	म	◌ा	त	म	◌ू	ल	र	ण	ड	◌़	◌े	प	न
◌ै	द	ण	ण	ख	झ	ण	ब	ग	◌़	उ	र	थ	म
र	ढ	ग	न	थ	छ	ड	ढ	छ	◌ा	ब	◌ा	ड	◌़
◌े	ब	◌ु	श	स	ख	थ	ग	त	फ	ख	ड	ऊ	आ
ज	ट	◌्	र	◌े	म	◌्	प	◌ो	ल	◌ि	न	श	म
ब	ग	◌ो	च	◌ा	ब	र	◌ा	म	द	◌ा	ए	म	ष
उ	ऊ	त	ण	ठ	र	म	ड	फ	व	ष	न	छ	फ

बेंच
बुश
बाड़
फूल
गैरेज
बगीचा
घास
झूला
नली
लॉन

फलोद्यान
तालाब
बरामदा
रेक
फावड़ा
छत
ट्रेम्पोलिन
पेड़
बेल
मातम

79 - Diplomacy

स	स	फ	स	ध	आ	उ	द	ढ	न	थ	ह	अ	च
र	ल	◌ं	ष	ख	च	ह	य	य	◌ा	◌्	न	ख	ढ
स	◌ा	◌ा	क	च	र	◌्	च	◌ा	ग	ध	◌ि	◌ं	स
◌ु	ब	ज	ह	ल	ष	र	ठ	आ	र	छ	इ	ड	द
र	भ	ड	न	क	◌्	भ	ध	त	◌ि	◌ी	न	त	◌ू
क	म	ह	ध	य	◌ा	प	ड	ध	क	ग	आ	◌ा	त
◌्	व	न	◌ा	द	◌ि	र	ए	ख	◌ो	ढ	स	र	◌ा
ष	ए	ए	◌ा	◌ा	छ	क	ढ	आ	◌ं	थ	र	◌ा	व
◌ा	श	ए	म	◌ु	र	◌ा	ज	द	◌ू	त	क	ज	◌ा
घ	फ	भ	स	म	स	◌ं	घ	र	◌्	ष	◌ा	न	स
ल	भ	ग	भ	स	न	◌ा	ग	र	◌ि	क	र	◌ी	द
म	◌ा	न	व	◌ी	य	ग	आ	थ	ठ	ऊ	ण	त	ढ
च	ध	ष	ख	न	ड	य	ग	ढ	ल	घ	घ	◌ि	च
ख	ऊ	घ	ण	ब	न	ऊ	द	ख	स	ह	य	◌ो	ग

सलाहकार
राजदूत
नागरिकों
नागरिक
समुदाय
संघर्ष
सहयोग
राजनयिक
चर्चा
दूतावास

नीति
सरकार
मानवीय
अखंडता
न्याय
राजनीति
संकल्प
सुरक्षा
समाधान
संधि

80 - Countries #1

ज	म	ल	ी	ब	ि	य	ा	व	ग	न	ञ	ल	ट
र	ि	र	क	उ	घ	इ	प	ण	म	ट	ल	ा	च
्	स	फ	ो	य	ष	ठ	र	न	न	ठ	ड	त	ऊ
म	्	ि	क	म	ध	च	त	व	ा	ण	त	व	ऊ
न	र	न	्	म	ा	थ	फ	ष	त	म	छ	ि	प
ी	ब	ल	र	स	प	न	भ	ग	य	ढ	ा	य	ो
ट	्	ै	ो	े	ठ	प	ि	घ	ि	ध	ऊ	ा	ल
फ	र	ं	म	न	द	े	ए	य	व	द	द	भ	ै
य	ा	ड	व	े	र	्	ॉ	न	ा	म	ष	ष	ं
ब	ज़	ग	ी	ग	त	स	छ	ड	त	ऊ	ख	ए	ड
प	ी	छ	ऊ	ल	ा	ए	ज	़	ु	न	े	े	व
ध	ल	त	थ	घ	ट	छ	य	ध	फ	ट	त	त	ग
क	न	ा	ड	ा	ल	इ	ा	र	ज	इ	ह	उ	ड
न	ि	क	ा	र	ा	ग	ु	आ	इ	र	ा	क	ह

ब्राज़ील
कनाडा
मिस्र
फिनलैंड
जर्मनी
इराक
इजराइल
इटली
लातविया
लीबिया
मोरक्को
निकारागुआ
नॉर्वे
पनामा
पोलैंड
रोमानिया
सेनेगल
स्पेन
वेनेजुएला
वियतनाम

81 - Adjectives #1

ब	ल	छ	य	फ	त	ह	ए	व	ल	आ	ण	म	म
स	थ	म	न	म	उ	द	◌ा	र	स	ध	ष	ह	ह
अ	◌ं	ध	◌े	र	◌ा	ख	ल	ट	◌ु	◌ु	द	त	त
व	ई	च	थ	ल	स	◌ु	त	स	◌ं	न	थ	◌्	◌्
उ	◌ि	म	◌ा	◌ी	ध	श	प	स	द	◌ि	भ	व	व
प	र	द	◌ा	ब	◌ू	श	◌ु	ख	र	क	◌ा	प	◌ा
य	स	च	◌े	न	◌ा	म	स	श	प	उ	र	◌ू	क
◌ो	क	न	ष	श	द	प	ड	ग	ख	छ	◌ी	र	◌ा
ग	ठ	ष	ड	च	◌ी	◌ा	ह	ह	घ	ए	उ	◌्	◌ं
◌ी	ब	ल	◌्	घ	र	म	र	य	र	ड	व	ण	क
ग	◌ं	भ	◌ी	र	क	ल	◌ा	त	◌्	म	क	ट	◌्
द	ण	ब	ए	ष	क	◌्	प	◌े	र	◌ि	न	य	ष
ट	फ	इ	ब	ह	थ	आ	द	ड	ल	घ	श	ख	◌ी
म	◌ू	ल	◌्	य	व	◌ा	न	य	ग	प	स	घ	ष

निरपेक्ष
महत्वाकांक्षी
खुशबूदार
कलात्मक
आकर्षक
सुंदर
अंधेरा
विदेशी
उदार
खुश
भारी
उपयोगी
ईमानदार
समान
महत्वपूर्ण
आधुनिक
गंभीर
धीमा
पतला
मूल्यवान

82 - Rainforest

क	ज	ञ	स	द	आ	भ	आ	श	ध	म	इ	ल	श
फ	◌ी	ल	ञ	र	द	ग	ष	ल	ख	थ	क	ई	ब
स	च	ड	व	ग	र	व	◌ि	व	◌ि	ध	त	◌ा	उ
ध	च	स	◌़	◌ा	ण	ह	ढ	श	प	म	◌ि	क	भ
ड	घ	छ	र	◌े	य	ऊ	श	इ	◌्	◌ू	प	प	य
ठ	उ	त	स	ब	श	◌ु	श	स	र	ल	स	ठ	च
स	◌्	त	न	ध	◌ा	र	◌ी	म	क	◌्	◌्	ष	र
स	छ	ब	ध	छ	ए	ए	द	◌ु	◌ृ	य	न	प	त
◌ं	थ	प	ह	ष	ढ	छ	◌े	द	त	व	◌ा	फ	ऊ
र	फ	ह	ढ	◌ा	प	व	व	◌ा	◌ि	◌ा	व	द	र
क	घ	ल	स	त	ल	भ	◌्	य	फ	न	ल	ख	ग
◌्	ष	ब	◌ा	द	ल	◌ी	स	ज	◌ं	ग	ल	इ	न
ष	प	क	◌्	ष	◌ी	ब	च	इ	ड	इ	श	र	ण
ण	प	◌्	र	ज	◌ा	त	◌ि	य	◌ा	◌ं	छ	ष	ण

उभयचर
पक्षी
वानस्पतिक
जलवायु
बादल
समुदाय
विविधता
स्वदेशी
कीड़े
जंगल

स्तनधारी
काई
प्रकृति
संरक्षण
शरण
आदर
बहाली
प्रजातियां
मूल्यवान

83 - Technology

स	ष	प	◌्	र	द	र	◌्	श	न	छ	व	ऊ	ग
प	◌्	छ	आ	ग	थ	न	ष	ड	◌ि	ज	◌ि	ट	ल
ए	ट	क	स	◌ा	◌ं	ख	◌्	य	◌ि	क	◌ी	◌ा	इ
ग	ल	◌ॉ	◌्	ब	इ	◌ं	ट	र	न	◌े	ट	◌े	◌ा
व	ब	घ	व	र	क	ऊ	इ	ए	ब	ड	ष	ड	◌़
भ	◌्	ण	छ	य	◌ी	र	न	इ	ट	भ	य	ह	फ
स	र	इ	◌ा	व	ट	न	◌्	◌ॉ	◌़	फ	ड	ष	इ
ढ	◌ा	स	ए	◌े	थ	फ	न	स	ट	◌्	इ	◌ा	ब
छ	उ	◌ं	छ	ट	ऊ	आ	उ	ल	र	य	ञ	क	ल
ध	ज	ग	उ	फ	ठ	प	भ	इ	स	ग	ध	◌्	आ
स	◌़	ण	च	◌्	र	फ	र	◌ा	म	◌ै	क	र	ड
ष	र	क	ट	◌ॉ	श	द	◌े	◌ं	स	न	ब	◌ु	इ
आ	न	इ	र	स	ऊ	द	उ	म	द	◌ी	द	स	य
अ	न	◌ु	स	◌ं	ध	◌ा	न	ह	य	भ	च	ड	ऊ

ब्लॉग
ब्राउज़र
बाइट्स
कैमरा
संगणक
कर्सर
डेटा
डिजिटल
प्रदर्शन
फ़ाइल
फ़ॉन्ट
इंटरनेट
संदेश
अनुसंधान
स्क्रीन
सुरक्षा
सॉफ्टवेयर
सांख्यिकी
आभासी
वाइरस

84 - Landscapes

ड	आ	ख	ग	ढ	प	ग	ब	ड	ष	द	र	इ	ध
स	स	त	ड	ष	◌्	म	◌्	न	ए	छ	म	प	ल
च	आ	ष	◌़	भ	र	न	र	ल	द	ल	द	उ	ठ
घ	◌ा	ट	◌ी	ञ	◌ा	द	य	◌ू	◌े	ह	ख	ल	श
छ	न	न	◌ा	न	य	ख	◌्	ञ	द	श	ञ	प	व
स	र	च	ह	इ	द	ण	ण	◌ु	म	◌्	◌ि	र	ग
उ	झ	फ	प	ण	◌्	प	न	ऊ	म	श	य	य	घ
प	ह	◌ा	ड	◌़	व	झ	◌ी	ल	च	स	घ	◌ा	र
म	य	◌ु	ठ	ह	◌ी	ट	◌ु	◌ं	ड	◌्	र	◌ा	न
ष	र	ग	◌ा	स	प	स	म	◌ु	द	◌्	र	त	ट
र	ढ	द	◌्	व	◌ी	प	च	ट	◌्	ट	◌ा	न	ख
र	◌े	ग	◌ि	स	◌्	त	◌ा	न	श	आ	द	ञ	ख
ज	◌्	व	◌ा	ल	◌ा	म	◌ु	ख	◌ी	द	न	ख	ट
ग	ह	◌ि	म	ख	◌ं	ड	ध	फ	प	त	ग	ख	ख

समुद्र तट
गुफा
चट्टान
रेगिस्तान
ग्लेशियर
पहाड़ी
हिमखंड
द्वीप
झील
पहाड़
मरूद्यान
सागर
प्रायद्वीप
नदी
समुद्र
दलदल
टुंड्रा
घाटी
ज्वालामुखी
झरना

85 - Plants

प	ड	घ	प	त	◌्	त	◌ी	उ	र	◌्	व	र	क
त	द	च	◌ा	◌ी	ग	ब	ल	ए	ग	ग	ब	◌ु	श
◌्	फ	◌ू	ल	स	न	ह	उ	ट	ग	आ	छ	ल	इ
त	◌ि	प	◌्	स	न	व	क	◌ै	क	◌्	ट	स	ठ
◌े	प	स	ष	य	ष	ख	ल	ऊ	इ	फ	क	◌ं	आ
ढ	ण	म	ण	छ	ण	य	ह	थ	र	छ	◌ा	◌ा	इ
इ	ऊ	ल	स	छ	ख	ख	र	घ	ध	ब	ई	ब	व
ए	द	म	स	घ	◌ि	त	ड	आ	इ	इ	श	न	◌ी
च	ख	प	ख	म	ल	ए	न	थ	न	न	थ	म	ह
छ	स	इ	फ	उ	न	श	ज	◌ा	ग	त	ध	आ	व
उ	च	ग	ध	फ	◌ा	ढ	ण	ड	घ	न	घ	न	ख
ब	भ	न	र	द	च	आ	ठ	◌़	◌़	आ	ढ	ञ	घ
ञ	ड	फ	व	थ	प	र	◌ी	◌े	ब	स	ट	ध	ढ
य	स	ल	न	◌ा	◌़	ढ	ब	प	च	भ	स	◌े	म

बांस
सेम
बेरी
खिलना
बुश
कैक्टस
उर्वरक
फूल
पत्ते
वन

बगीचा
घास
बढ़ना
आइवी
काई
पत्ती
जड़
तना
पेड़
वनस्पति

86 - Boxing

ट	प	ब	त	र	ध	उ	भ	त	ऊ	श	ठ	श	व
द	छ	भ	◌ा	स	क	◌ो	फ	◌ा	श	ऊ	फ	उ	◌ि
क	◌ौ	श	ल	◌्	घ	त	इ	क	उ	र	न	न	र
◌ू	छ	स	घ	स	ढ	◌ं	ख	त	उ	◌ी	◌ी	त	◌ो
◌ा	ञ	फ	ध	◌ि	ए	ख	ट	ऊ	ड	फ	ह	र	ध
◌़	भ	म	द	य	भ	म	व	◌ी	न	◌े	◌ो	क	◌ी
ड	त	भ	ञ	◌ो	च	◌ु	स	ठ	ण	र	क	◌ं	फ
ल	ष	ग	ब	◌ं	आ	ट	◌ू	स	◌ो	प	स	अ	द
ऊ	श	◌ी	घ	◌्	र	◌्	ल	श	ष	ड	घ	ढ	स
थ	क	ग	य	◌ा	द	ठ	◌ी	ठ	स	ञ	◌़	ण	◌्
ञ	ष	ष	छ	व	ब	◌ी	स	र	म	न	न	◌ी	त
स	थ	न	र	ठ	च	ठ	छ	न	छ	ट	न	छ	◌ा
ञ	ध	ल	म	ल	ण	स	र	त	त	ग	द	त	न
र	इ	ह	घ	ख	य	ड	ख	म	ख	द	इ	ष	◌े

घंटी
शरीर
ठोड़ी
कोने
कोहनी
थक गया
लड़ाकू
मुट्ठी
फोकस
दस्ताने
लात
विरोधी
अंक
शीघ्र
वसूली
रेफरी
रस्सियों
कौशल
ताकत

87 - Countries #2

ड	ह	ऊ	इ	ल	ा	इ	ब	े	र	ि	य	ा	ज
आ	ै	म	थ	न	ल	ग	ज	ण	ट	ध	ण	न	ा
स	त	म	ि	घ	न	म	ख	म	ऊ	प	र	े	प
ो	ी	स	य	ष	इ	थ	द	प	ै	घ	ू	प	ा
म	घ	क	ो	स	ि	क	्	े	म	क	स	ा	न
ा	र	ए	प	य	ू	न	ा	न	ठ	आ	ा	ल	ट
ल	न	भ	ि	अ	ल	्	ब	ा	न	ि	य	ा	व
ि	ष	न	य	घ	ञ	ण	ब	ञ	न	ड	ा	ू	स
य	स	ओ	ा	ल	स	ी	र	ि	य	ा	न	म	ण
ा	ह	उ	थ	ब	ढ	स	ठ	न	म	ग	श	ट	थ
श	इ	न	छ	न	े	क	र	्	म	ा	न	े	ड
छ	प	ग	व	थ	इ	ल	ण	ऊ	न	ं	व	य	म
प	ा	क	ि	स	्	त	ा	न	स	ु	ख	प	ख
न	ा	इ	ज	ी	र	ि	य	ा	ख	य	थ	प	भ

अल्बानिया
डेनमार्क
इथियोपिया
यूनान
हैती
जमैका
जापान
लाओस
लेबनान
लाइबेरिया
मेक्सिको
नेपाल
नाइजीरिया
पाकिस्तान
रूस
सोमालिया
सूडान
सीरिया
युगांडा

88 - Adjectives #2

र	प	स	◌्	व	स	◌्	थ	त	प	व	न	व	न
आ	च	◌्	ट	ग	छ	द	ज	ण	◌्	र	म	◌ि	◌ि
ढ	छ	न	र	न	म	स	◌ं	र	र	◌्	क	श	द
ब	ग	छ	◌ा	◌ा	भ	फ	ग	◌्	स	ण	◌ी	◌्	◌्
ख	ख	ड	य	त	क	प	ल	प	◌ि	न	न	व	र
उ	श	घ	न	◌ू	◌्	◌ृ	◌ी	◌ू	द	◌ा	ल	स	◌ा
र	त	इ	य	ब	य	म	त	च	◌्	त	ह	न	ल
र	व	◌्	फ	ज	ड	र	क	◌ि	ध	◌्	ञ	◌ी	◌ु
ञ	न	भ	प	म	इ	ग	ऊ	र	क	म	ह	य	ख
म	भ	उ	ख	◌ा	◌ू	भ	स	◌ु	उ	क	फ	घ	श
ग	र	◌्	व	प	द	र	व	◌ु	छ	ध	य	ञ	ल
छ	र	ट	ग	ड	ध	क	प	स	◌्	च	ल	◌ि	द
स	◌ू	ख	◌ा	उ	प	ह	◌ा	र	द	◌ि	य	◌ा	म
ज	◌ि	म	◌्	म	◌े	द	◌ा	र	र	उ	द	ब	ग

विश्वसनीय
रचनात्मक
वर्णनात्मक
सूखा
सुरुचिपूर्ण
प्रसिद्ध
उपहार दिया
स्वस्थ
गरम
भूखा

दिलचस्प
प्राकृतिक
नया
उत्पादक
गर्व
जिम्मेदार
नमकीन
निद्रालु
मजबूत
जंगली

89 - Psychology

ल	घ	आ	ड	इ	इ	अ	ध	ड	फ	ल	थ	र	च
ड	न	द	ट	व	ए	◌ॅ	न	◌ा	व	◌ा	भ	ख	र
न	◌ि	य	◌ु	क	◌्	त	◌ि	◌ु	इ	ध	ब	ए	म
ठ	उ	ग	ए	ड	ठ	प	छ	ल	भ	य	ष	ह	◌ू
इ	ह	न	◌ै	द	◌ा	न	◌ि	क	ख	व	इ	स	ल
ढ	व	त	◌्	त	◌ि	क	◌्	य	◌्	व	य	◌ं	◌्
त	◌ि	भ	◌ू	◌ु	न	अ	ह	◌ं	क	◌ा	र	क	य
ए	ट	भ	◌ा	ष	ल	र	ड	ह	च	आ	ह	ट	◌ा
स	ए	ब	ष	र	◌्	घ	◌ं	स	ध	श	◌ा	स	◌ं
व	◌ि	च	◌ा	र	◌्	न	इ	च	ऊ	इ	व	न	क
स	ब	◌े	ह	◌ो	श	प	ल	ग	इ	भ	य	स	न
ख	प	ऊ	ठ	व	◌ि	च	◌ा	र	◌ो	◌ं	◌्	न	प
स	भ	न	ण	आ	ष	ब	ह	म	र	र	व	◌ो	ड
ड	ह	घ	◌े	भ	च	◌ि	क	◌ि	त	◌्	स	◌ा	फ

नियुक्ति
मूल्यांकन
व्यवहार
बचपन
नैदानिक
संघर्ष
सपने
अहंकार
भावनाएँ
अनुभव
विचारों
प्रभाव
अनुभूति
व्यक्तित्व
संकट
सनसनी
चिकित्सा
विचार
बेहोश

90 - Math

ञ	आ	फ	अ	त	इ	स	आ	प	ञ	आ	ऊ	स	ब
आ	न	घ	छ	◌ं	ए	ब	य	ठ	य	प	स	म	ह
थ	ध	ए	ध	ध	क	न	त	य	आ	◌्	म	◌ा	◌ु
स	म	◌ी	क	र	ण	ग	◌ो	य	ष	र	र	न	भ
अ	व	◌ि	भ	◌ा	ज	न	ण	◌ो	क	त	◌ू	◌ा	◌ु
च	◌ं	प	र	◌ि	ध	◌ि	उ	◌ि	ब	◌ि	प	◌ं	ज
ड	घ	श	द	ष	आ	ढ	ब	थ	त	प	त	त	ख
ग	त	◌्	र	◌ि	क	◌ो	ण	इ	◌ि	◌ा	◌ा	र	य
त	◌्	र	◌ि	ज	◌्	य	◌ा	ढ	म	द	ऊ	छ	ठ
ह	च	र	आ	द	व	द	य	ष	◌ि	क	ए	घ	ग
च	ल	ठ	व	ल	म	श	द	स	य	◌ा	◌्	व	ब
भ	ण	ऊ	ल	च	र	ए	◌ॅ	य	◌ा	ख	◌्	◌ं	स
ध	ल	ञ	फ	श	ह	ख	भ	ब	◌्	ष	ऊ	स	व
फ	घ	ड	ष	ढ	ञ	उ	व	फ	ज	थ	आ	प	ट

कोण
अंकगणित
परिधि
दशमलव
व्यास
विभाजन
समीकरण
प्रतिपादक
अंश
ज्यामिति
संख्याएँ
समानांतर
बहुभुज
त्रिज्या
आयत
वर्ग
योग
समरूपता
त्रिकोण
आयतन

91 - Activities

स	ध	घ	घ	ख	ड	स	न	ए	च	ड	ए	म	ज
ह	◌ि	त	◌ो	◌ं	◌े	ह	घ	र	◌ि	◌े	ख	छ	◌ा
स	व	ख	न	ठ	ढ	ल	स	ल	त	र	ग	ल	द
व	◌ि	स	◌ि	ल	◌ा	ई	द	इ	◌्	◌ा	ष	◌ी	◌ू
य	◌ि	ख	ण	आ	आ	द	◌ं	ग	र	ड	ग	प	श
ञ	त	श	ञ	प	ढ	◌़	न	◌ा	क	◌ा	छ	क	च
श	ग	◌ि	ऊ	ग	ठ	घ	आ	ल	◌ा	ल	ञ	ड	ष
ग	ख	ल	क	◌ौ	श	ल	घ	क	र	न	म	◌़	र
य	त	◌्	◌ृ	न	र	ख	य	श	◌ी	◌ा	र	न	ल
ई	फ	प	श	◌ि	क	◌ा	र	क	र	न	◌ा	◌े	द
न	फ	◌ी	र	◌ा	ग	◌्	ट	◌ो	◌ो	फ	श	ख	ऊ
◌ा	ध	छ	स	ठ	क	आ	श	य	द	घ	◌्	भ	ख
◌ु	इ	त	ऊ	ह	इ	व	ढ	श	ल	ध	◌ि	ऊ	ष
ब	◌ा	ग	व	◌ा	न	◌ी	अ	ऊ	ढ	ढ	व	ख	ड

गातोवोधे
कला
डेरा डालना
शिल्प
नृत्य
मछली पकड़ने
खेल
बागवानी
शिकार करना
हितों
बुनाई
अवकाश
जादू
चित्रकारी
फोटोग्राफी
आनंद
पढ़ना
विश्राम
सिलाई
कौशल

92 - Money

ण	ए	ध	अ	ऊ	ब	आ	ए	त	द	क	न	स	छ
क	उ	ड	ष	र	◌ा	द	◌्	◌ु	म	र	उ	त	न
◌ं	ऋ	त	ए	आ	◌्	र	ड	छ	थ	◌ो	फ	ए	ख
◌ै	श	ण	ष	व	भ	थ	ख	ठ	आ	◌ं	घ	ण	य
ब	उ	ध	◌ा	र	ए	ञ	श	ढ	ञ	ट	भ	ह	उ
ब	च	ण	ष	◌ी	ब	त	आ	◌ा	छ	◌ू	ट	र	द
ठ	इ	त	ष	क	ट	श	य	त	स	द	ग	ग	म
ल	थ	◌ा	स	◌्	व	य	व	◌्	थ	◌्	र	अ	ऊ
क	म	◌ा	ई	◌ि	ध	य	ठ	ऊ	स	घ	त	ह	थ
ऊ	ढ	ट	ज	ब	न	◌्	ट	व	स	म	त	◌्	आ
ठ	ट	थ	र	व	ड	व	इ	घ	◌्	इ	◌्	थ	र
म	आ	र	ठ	ह	छ	प	छ	ऊ	त	आ	◌ि	इ	ध
ठ	इ	ण	स	ब	ट	◌ु	आ	च	◌ा	घ	व	ह	य
ठ	ख	फ	ध	थ	ञ	ख	थ	छ	ठ	श	ख	ब	त

बैंक
बजट
नकद
सस्ता
उधार
मुद्रा
ऋण
छूट
कमाई
अर्थशास्त्र
अथव्यवस्था
व्यय
वित्त
धन
आय
बिक्री
बचत
करों
बटुआ

93 - Business

द	◌ु	क	◌ा	न	म	◌ु	द	◌्	र	◌ा	थ	न	भ
ल	अ	र	◌्	थ	श	◌ा	स	◌्	त	◌्	र	छ	ब
उ	प	ज	क	क	व	◌ि	त	◌्	त	द	ऊ	◌ू	◌ि
ग	उ	न	◌ै	त	◌ा	क	◌्	य	◌ो	◌ि	न	ट	क
य	ब	◌े	र	आ	स	र	◌ौ	ट	क	◌्	◌ै	फ	◌्
प	ढ	◌ै	◌ि	क	छ	य	◌्	य	ब	ष	म	ण	र
ध	◌ै	म	य	◌ं	◌ो	र	क	य	ड	ज	ल	ढ	◌ी
व	प	स	र	प	फ	ड	त	ग	◌ा	ल	ट	न	फ
श	च	ध	◌ा	न	न	◌ि	व	◌े	श	ल	ह	ध	घ
त	ण	ञ	र	◌ी	च	◌ा	म	◌्	र	क	य	श	ठ
स	श	उ	छ	र	फ	ब	ठ	च	र	त	आ	ड	भ
ध	ढ	ह	स	ञ	ऊ	घ	ण	र	व	च	ब	ध	ह
आ	प	आ	ण	ऊ	ए	छ	म	◌ा	ल	ण	ख	ल	थ
आ	य	भ	व	म	ञ	छ	म	स	ञ	ष	ञ	न	ब

बजट
कैरियर
कंपनी
लागत
मुद्रा
छूट
अर्थशास्त्र
कर्मचारी
नियोक्ता
फैक्टरी
वित्त
आय
निवेश
मैनेजर
माल
पैसा
कार्यालय
बिक्री
दुकान
करों

94 - The Company

र	च	न	◌ा	त	◌्	म	क	व	◌ि	श	◌्	◌ै	व
फ	ब	थ	प	श	ह	फ	प	ष	भ	त	ह	ए	◌्
ज	◌ो	ख	◌ि	म	उ	थ	त	स	प	◌ि	द	ग	य
प	◌्	र	स	◌्	त	◌ु	त	◌ि	इ	ग	व	द	◌ा
उ	स	ग	ढ	ध	थ	ख	श	श	ह	र	आ	प	प
द	न	◌ं	छ	फ	ग	◌ु	ण	व	त	◌्	त	◌ा	◌ा
◌्	◌ि	अ	भ	द	ए	र	न	◌े	ल	प	ऊ	◌्	र
य	र	भ	ठ	◌ा	ष	◌्	त	◌ि	र	◌्	प	त	ब
◌ो	◌्	◌ि	श	उ	व	ए	ण	न	ल	त	य	उ	च
ग	ण	न	श	ञ	स	न	झ	◌ा	◌ु	र	ख	थ	म
ट	य	व	थ	प	◌्	ब	◌ा	स	◌ं	स	◌ा	ध	न
फ	घ	ण	ब	ठ	ज	र	◌ो	ज	ग	◌ा	र	न	ग
ष	य	◌ो	◌ं	इ	◌ा	क	इ	ट	च	त	ञ	ह	स
ठ	उ	थ	र	ट	र	व	श	◌े	◌े	प	ण	म	भ

व्यापार
रचनात्मक
निर्णय
रोजगार
वैश्विक
उद्योग
अभिनव
निवेश
संभावना
प्रस्तुति

उत्पाद
पेशेवर
प्रगति
गुणवत्ता
प्रतिष्ठा
संसाधन
राजस्व
जोखिम
रुझान
इकाइयों

95 - Literature

उ	प	ब	ड	ढ	श	ल	आ	व	र	ग	फ	व	ख
श	प	श	क	च	व	◌ा	◌ा	थ	क	◌ु	त	ठ	ध
स	ग	न	ट	ड	◌ि	व	◌ि	श	◌्	ल	◌े	ष	ण
ढ	◌ं	स	◌्	फ	ष	र	◌्	क	ष	◌्	◌ि	न	क
ण	ए	व	ल	य	य	क	व	◌ि	त	◌ा	उ	◌ा	◌ि
ट	ए	ण	◌ा	ढ	◌ा	थ	क	श	◌ै	ल	◌ी	ल	स
भ	ह	ब	त	द	ख	स	ल	◌े	ख	क	ज	◌ु	◌्
क	◌ा	व	◌्	य	◌ा	त	◌्	म	क	च	◌ी	त	स
स	ग	व	च	य	ठ	ग	थ	ड	ढ	स	व	र	◌ा
त	म	ल	र	ब	छ	श	ए	ल	ठ	स	न	◌ू	उ
ए	प	◌ा	उ	ढ	थ	स	म	द	ल	ग	◌ी	प	फ
ञ	व	श	न	भ	घ	आ	व	◌ि	व	र	ण	क	ख
ड	ष	द	ए	त	ड	थ	ह	र	ख	श	ट	थ	प
ढ	द	◌ी	स	र	◌ा	◌्	त	भ	ह	व	इ	ह	ण

समानता
विश्लेषण
किस्सा
लेखक
जीवनी
तुलना
निष्कर्ष
विवरण
संवाद
कथा
रूपक
कथावाचक
उपन्यास
कविता
काव्यात्मक
तुक
ताल
शैली
विषय
त्रासदी

96 - Geography

ट	न	ठ	इ	भ	फ	ड	ट	ए	ढ	द	ग	म	ण
प	क	च	छ	◌ृ	श	ए	म	ढ	श	क	◌ो	ध	ड
ष	◌्	ण	इ	म	ए	ग	न	त	ल	◌्	ल	◌्	थ
द	श	य	उ	ध	आ	ख	म	ष	श	ष	◌ा	य	ए
भ	◌ा	◌े	स	◌्	ऊ	भ	इ	स	ष	◌ि	र	◌ा	ड
ढ	ह	ल	द	य	ग	च	भ	ऊ	◌ा	ण	◌्	ह	प
स	ल	ट	ए	र	ह	श	घ	श	◌ं	ग	ध	◌्	श
म	छ	व	फ	◌े	ट	ट	इ	य	◌्	च	र	न	◌्
◌ु	ठ	ख	द	ख	ऊ	छ	छ	न	क	व	◌ा	ष	च
द	भ	ड	◌़	◌ा	ह	प	र	फ	अ	ग	ख	ई	◌ि
◌्	म	ह	◌ा	द	◌्	व	◌ी	प	ऊ	प	श	व	म
र	त	◌्	त	उ	ढ	◌ी	व	प	घ	न	द	◌ी	न
भ	य	त	ल	र	त	◌्	ष	◌े	◌्	क	ञ	स	त
द	◌ु	न	◌ि	य	◌ा	द	ड	ऊ	व	द	ए	न	ख

ऊंचाइे
एटलस
शहर
महाद्वीप
देश
भूमध्य रेखा
गोलार्ध
द्वीप
अक्षांश
नक्शा

मध्याह्न
पहाड़
उत्तर
सागर
नदी
समुद्र
दक्षिण
क्षेत्र
पश्चिम
दुनिया

97 - Jazz

घ	ग	ठ	श	थ	इ	च	द	न	त	◌ी	ग	प	ए
ड	य	ट	ष	◌ै	स	ड	र	य	◌ा	य	न	◌्	द
◌्	र	क	◌ा	◌ा	ल	क	च	घ	ल	म	स	र	फ
र	◌ा	छ	फ	उ	न	◌ी	न	ष	उ	ष	ञ	त	श
म	ट	छ	ष	थ	व	भ	◌ा	र	◌्	प	ल	◌ि	द
ब	◌्	ध	ठ	व	ह	क	प	व	ए	थ	ढ	भ	छ
◌्	स	द	उ	ट	ण	फ	◌ा	◌ु	ञ	ह	ह	◌ा	ख
ल	◌्	◌्	स	◌ं	ग	◌ी	त	म	र	द	ण	व	च
ए	क	स	ज	◌़	◌ो	र	र	म	च	◌ा	ट	ढ	ड
ऊ	◌ै	◌ि	द	द	ठ	द	स	छ	ह	ल	न	ड	म
श	◌्	र	क	◌ा	त	ग	◌ी	◌ं	स	ञ	◌ा	◌ा	ष
श	र	◌्	त	क	न	◌ी	क	ष	ऊ	ग	घ	ऊ	य
ख	ऑ	प	स	◌ं	द	◌ी	द	◌ा	ल	उ	ल	ख	थ
व	◌ा	ह	व	◌ा	ह	◌ी	थ	ञ	भ	ए	प	फ	ष

एल्बम
वाहवाही
कलाकार
संगीतकार
रचना
ड्रम
ज़ोर
प्रसिद्ध
पसंदीदा
कामचलाऊ
प्रभाव
संगीत
नया
पुराना
ऑर्केस्ट्रा
ताल
गीत
शैली
प्रतिभा
तकनीक

98 - Nature

ज	अ	भ	य	◌ा	र	ण	◌्	य	ल	द	उ	म	ज
इ	◌ा	स	च	भ	ल	श	◌ी	◌ि	त	ग	ष	ध	◌ं
श	भ	न	त	◌ा	स	◌्	ग	◌ि	◌े	र	◌्	◌ु	ग
द	ढ	व	व	ग	य	व	य	ढ	◌्	◌ा	ण	म	ल
ष	ठ	ल	◌ा	र	ए	ब	ख	न	त	ह	क	क	◌ी
च	र	म	ट	ठ	◌ो	ग	◌ा	◌ी	प	◌ो	ट	◌्	श
घ	ट	र	क	छ	त	◌ं	ब	द	द	क	◌ि	ख	आ
ध	व	◌्	र	ण	न	र	ए	न	ल	ड	ब	◌ि	र
च	ञ	◌ि	ट	स	◌ु	◌ं	द	र	त	◌ा	◌ं	य	◌्
व	ख	न	थ	◌ा	ह	द	ञ	ऊ	ठ	व	ध	◌ो	क
ख	प	च	द	ऊ	न	ढ	फ	श	द	श	◌ो	◌ं	ट
घ	भ	ण	घ	म	य	◌ो	फ	ठ	आ	घ	य	न	◌ि
ण	र	◌्	प	◌ू	त	◌ि	◌ं	◌ा	श	इ	ढ	आ	क
म	ह	त	◌्	व	प	◌ू	र	◌्	ण	ऊ	य	ण	म

जानवरों
आर्कटिक
सुंदरता
मधुमक्खियों
चट्टानों
बादल
रेगिस्तान
गतिशील
कटाव
कोहरा
पत्ते
वन
शांतिपूर्ण
नदी
अभयारण्य
निर्मल
उष्णकटिबंधीय
महत्वपूर्ण
जंगली

99 - Vacation #2

ऊ	ष	ड	फ	छ	स	◌ी	क	◌्	◌ै	ट	ध	ष	ह
व	◌ि	द	◌े	श	◌ी	म	छ	◌ु	ट	◌्	ट	◌ी	इ
व	◌ि	द	◌े	श	ए	आ	◌ु	त	य	घ	फ	छ	छ
प	ह	◌ा	ड	◌़	◌ो	◌ं	ऊ	द	व	छ	ठ	ब	छ
ख	ध	ठ	इ	न	ट	त	र	द	◌्	◌ु	म	स	ष
प	न	ह	व	◌ि	र	प	च	ए	त	र	ञ	ट	व
व	◌ा	ट	◌्	र	◌े	न	ब	◌ू	◌ं	त	ध	य	त
◌ी	ल	स	ए	ट	आ	म	ग	प	ग	ष	फ	ठ	ड
◌्	ड	ऊ	प	इ	ण	ञ	ए	य	द	ग	प	द	ब
द	◌ा	ढ	च	◌ो	न	क	◌्	श	◌ा	ठ	ल	श	द
ढ	र	इ	ढ	द	र	◌ा	त	◌्	◌ा	य	ऊ	छ	ह
ज	◌ा	◌ी	व	ब	ध	◌्	प	र	ठ	क	ड	इ	थ
च	◌े	ष	उ	ह	ञ	ल	ट	◌ो	ह	म	व	ग	आ
ण	ड	◌ा	ड	◌्	अ	ई	◌ा	व	ह	त	उ	अ	ठ

हवाई अड्डा
समुद्र तट
डेरा डालना
गंतव्य
विदेश
विदेशी
छुट्टी
होटल
द्वीप
यात्रा
अवकाश
नक्शा
पहाड़ों
पासपोर्ट
समुद्र
टैक्सी
तंबू
ट्रेन
परिवहन
वीजा

100 - Electricity

ट	क	◌े	◌ॉ	स	ट	न	छ	ष	ग	घ	ल	व	ब
ठ	◌े	प	इ	च	भ	◌े	र	क	◌े	ब	ल	स	◌ि
प	ष	ल	ण	ड	छ	ठ	ल	ट	न	ण	ग	◌्	ज
फ	आ	◌ी	◌ी	श	च	ढ	ट	◌ी	ड	ण	घ	त	ल
ध	आ	ज	फ	फ	ड	ण	आ	प	व	त	ट	◌ु	◌ी
स	ट	◌ि	ण	र	◌ो	◌ं	◌ा	त	ल	◌ि	व	ओ	क
ख	म	ब	र	ध	इ	न	ह	श	श	व	ज	◌ं	◌ा
म	ज	न	क	ब	◌ं	◌ु	च	ष	ल	ग	ल	न	र
◌ा	घ	र	प	स	ब	ब	◌ै	ट	र	◌ी	आ	फ	◌ी
त	ह	च	उ	ए	ल	भ	◌ं	ड	◌ा	र	ण	य	ग
◌्	इ	क	म	त	◌्	र	◌ा	◌ा	क	न	ह	भ	र
र	ढ	ग	प	ह	ब	ज	न	◌े	ट	व	र	◌्	क
◌ा	त	भ	ग	◌ी	ह	◌े	ब	घ	ब	ड	व	ड	ऊ
ष	भ	छ	ष	श	द	ल	छ	ह	ए	ए	छ	उ	छ

बैटरी
बल्ब
केबल
बिजली
बिजली कारीगर
उपकरण
जनक
दीपक
लेजर
चुंबक

नकारात्मक
नेटवर्क
वस्तुओं
मात्रा
सॉकेट
भंडारण
टेलीफोन
टेलीविजन
तारों

1 - Antiques

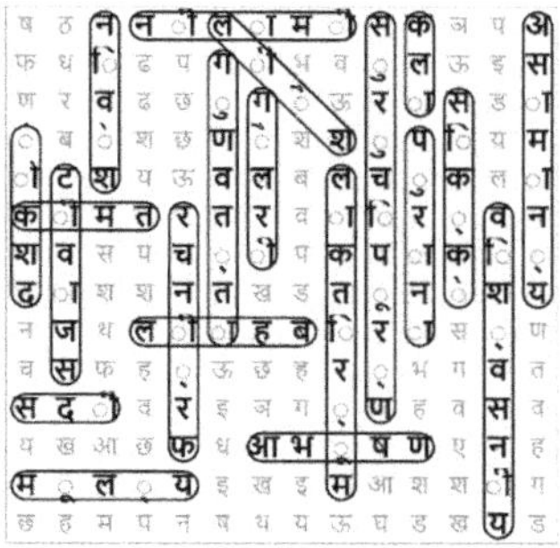

2 - Food #1

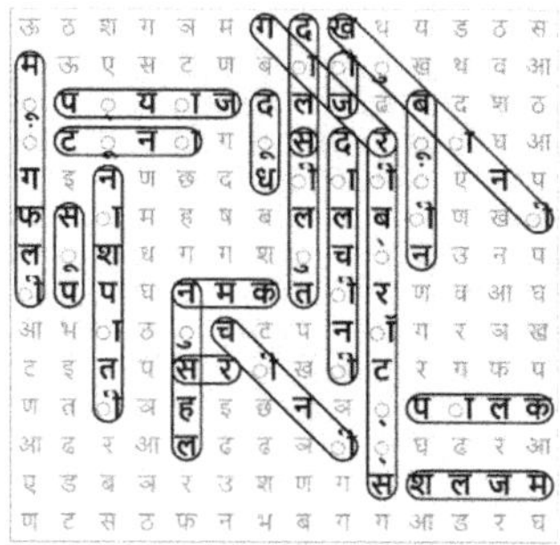

3 - Measurements

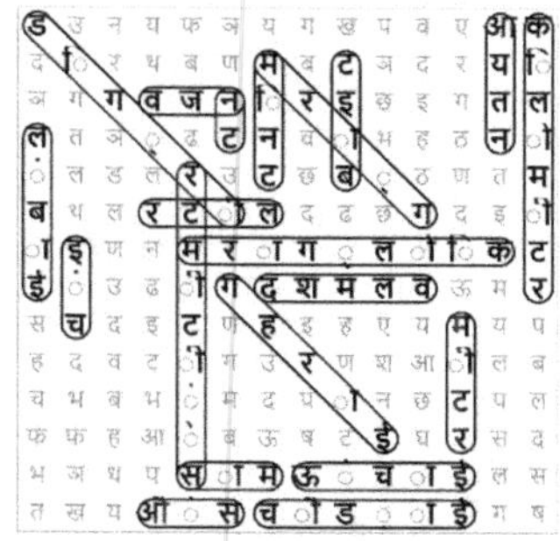

4 - Farm #2

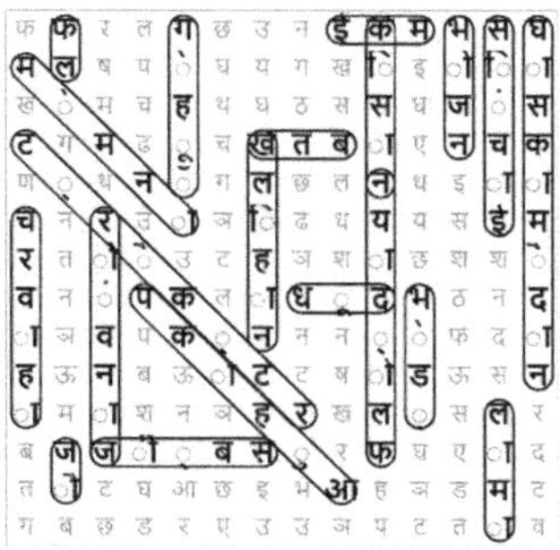

5 - Books

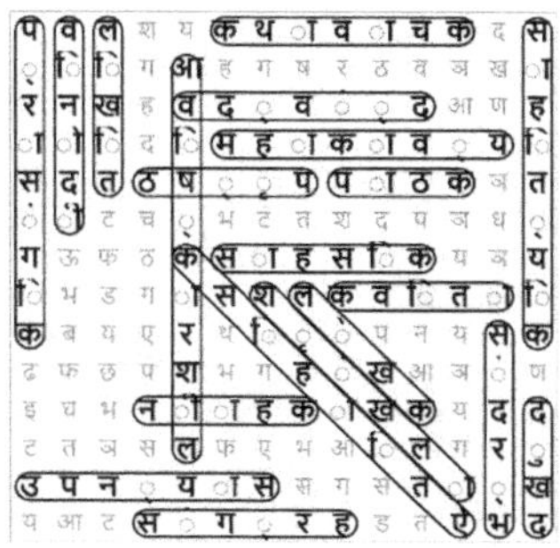

6 - Meditation

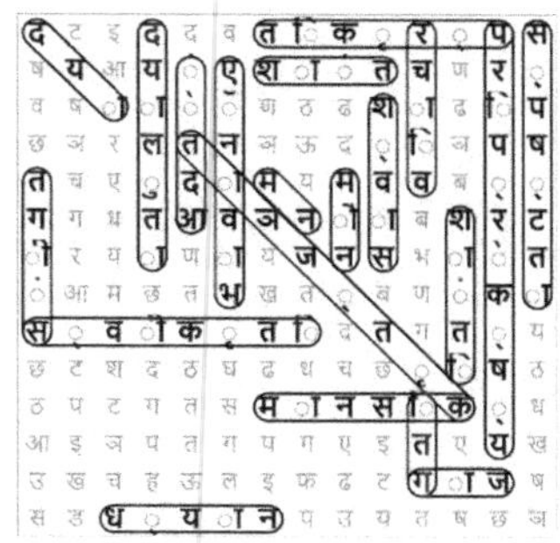

7 - Days and Months

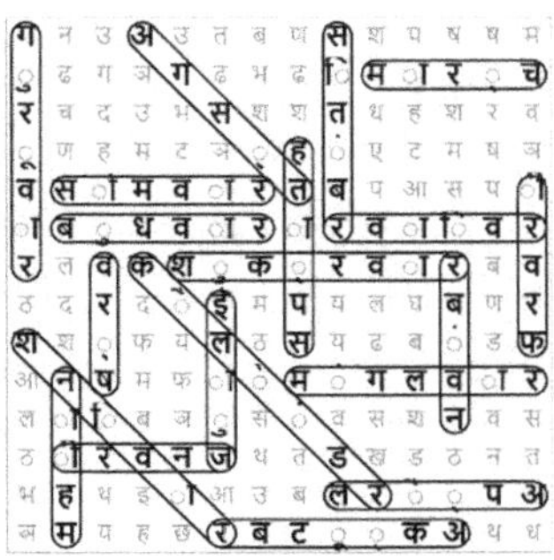

8 - Energy

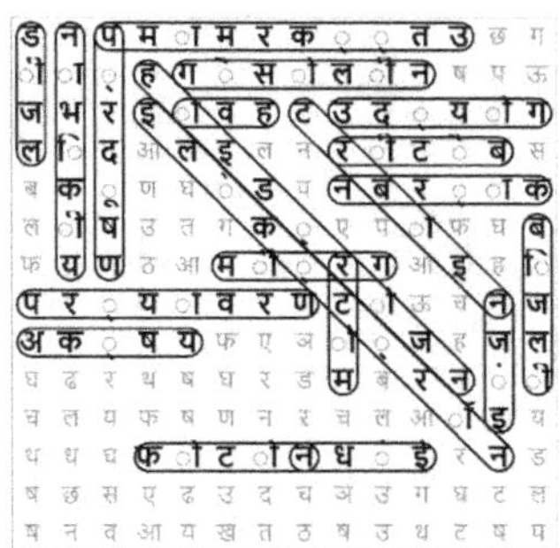

9 - Chess

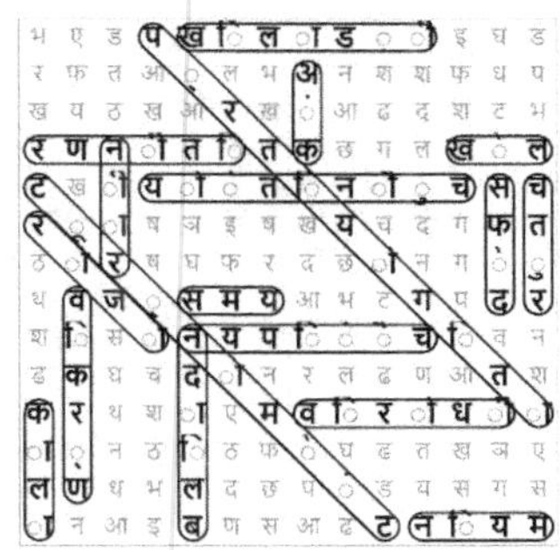

10 - Archeology

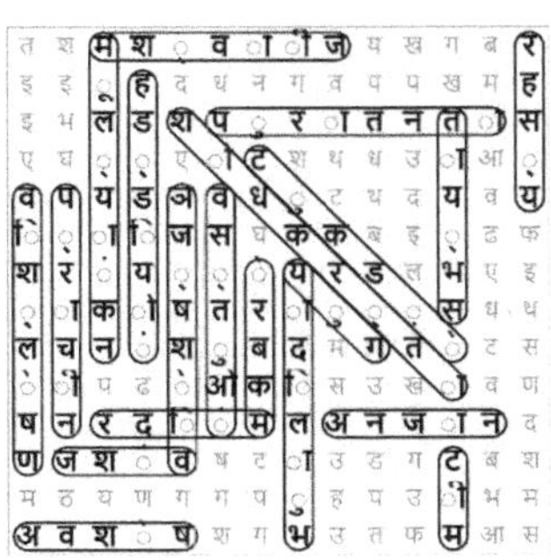

11 - Food #2

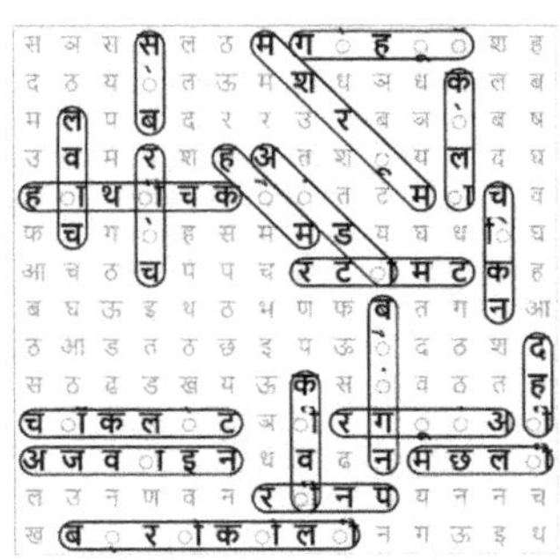

12 - Chemistry

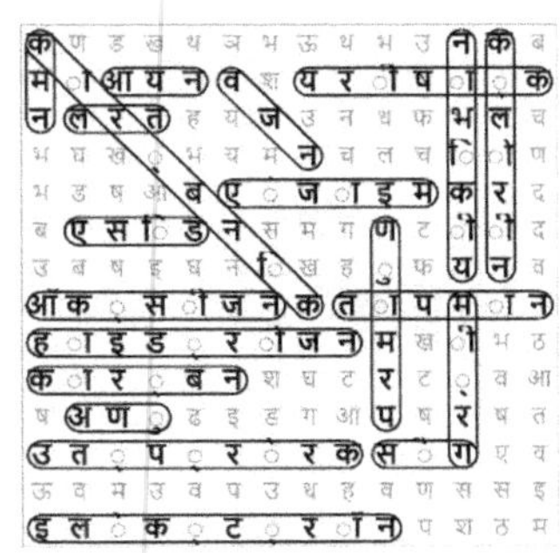

13 - Music

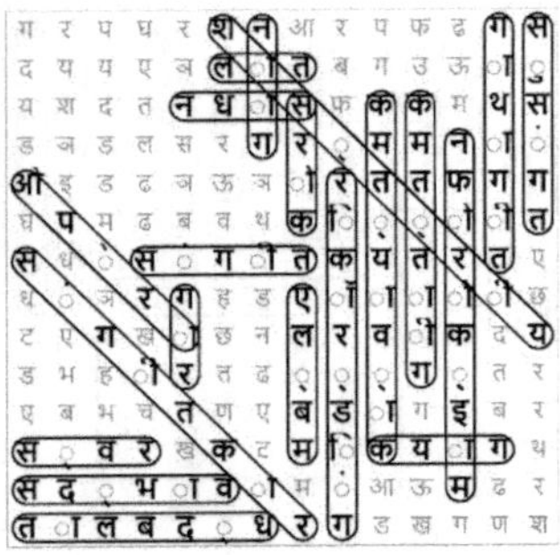

14 - Family

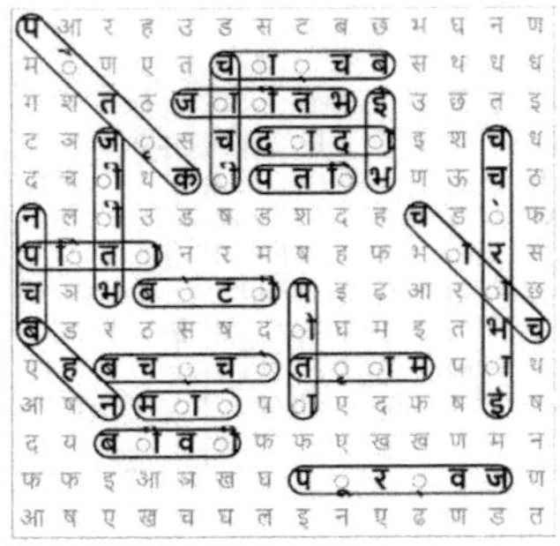

15 - Farm #1

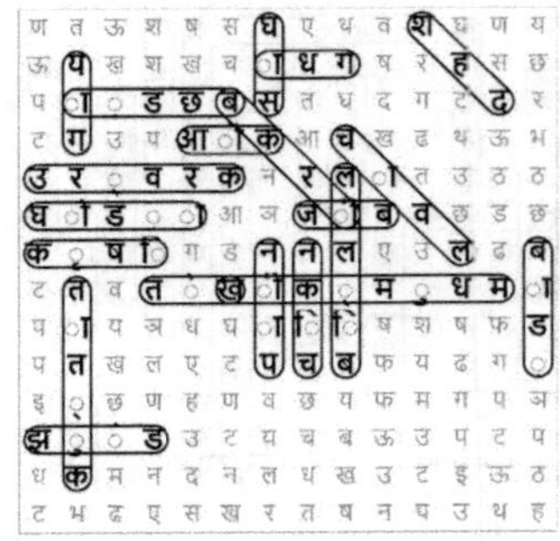

16 - Camping

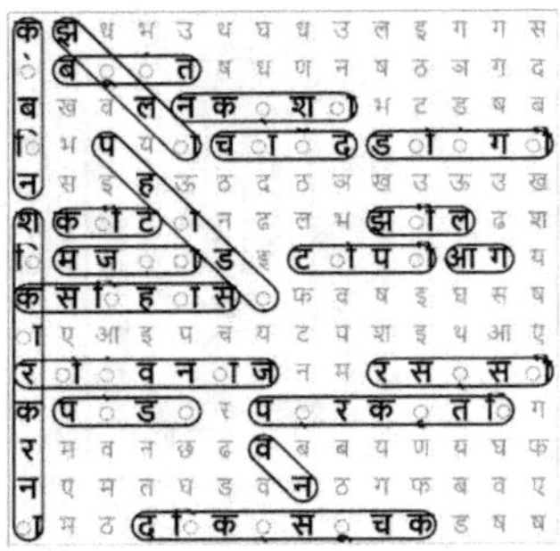

17 - Algebra

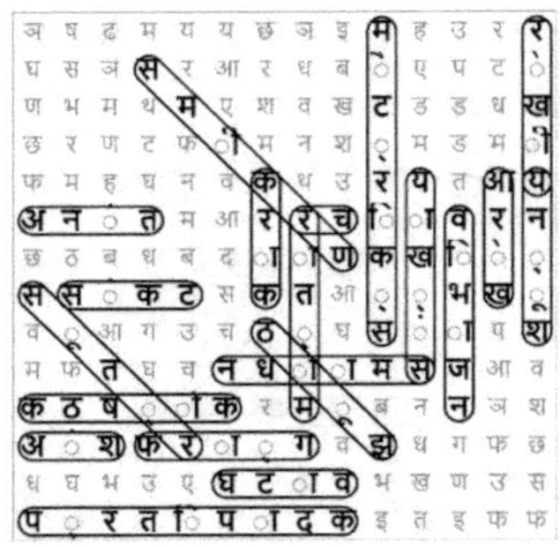

18 - Numbers

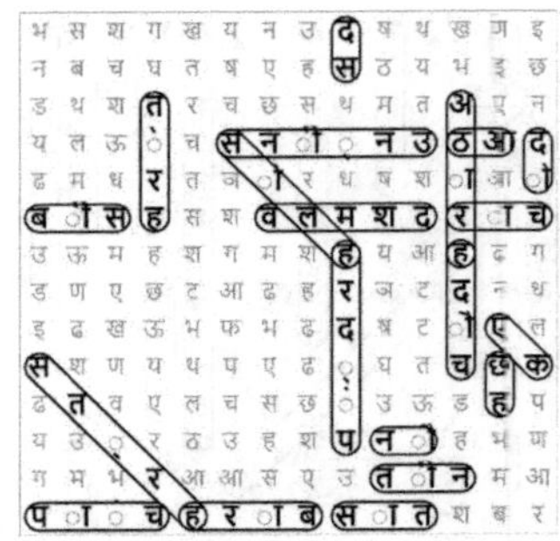

19 - Spices

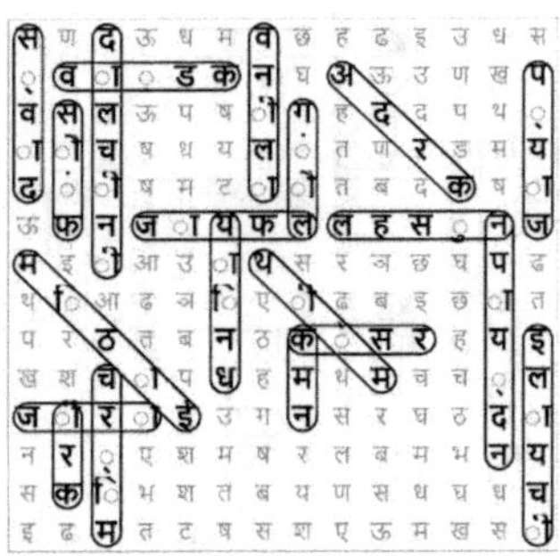

20 - Universe

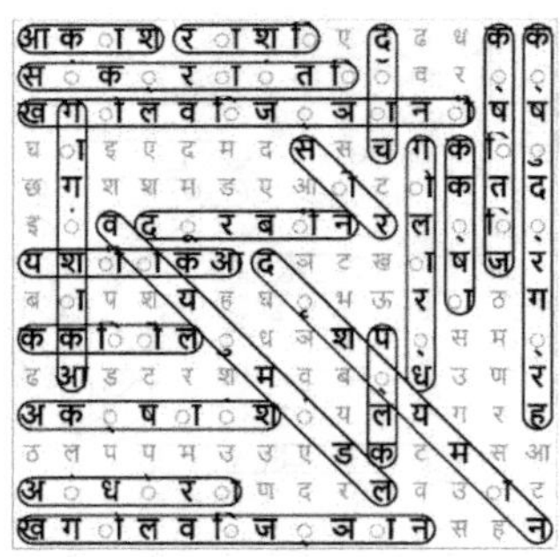

21 - Mammals

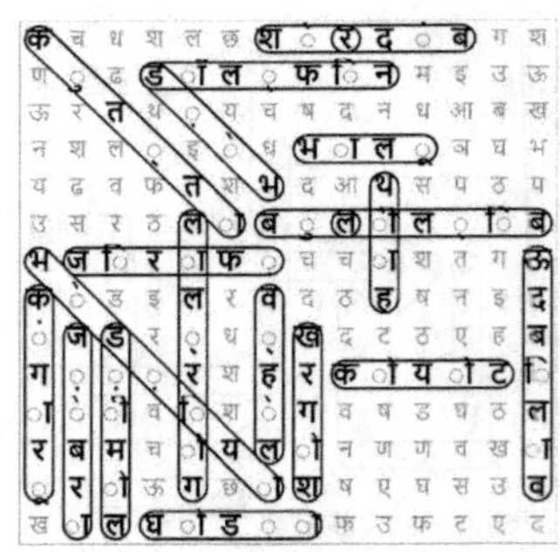

22 - Fishing

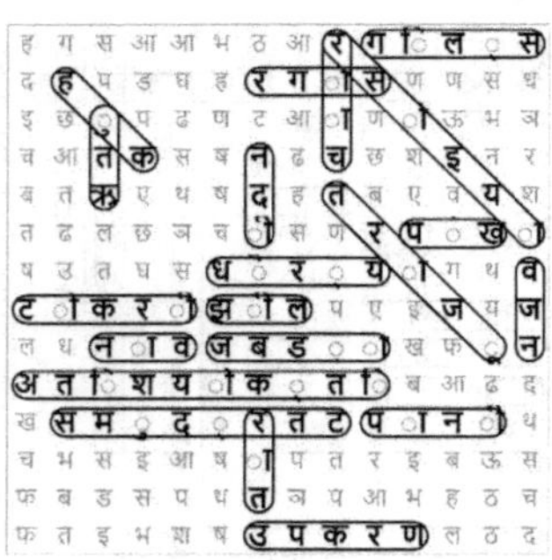

23 - Bees

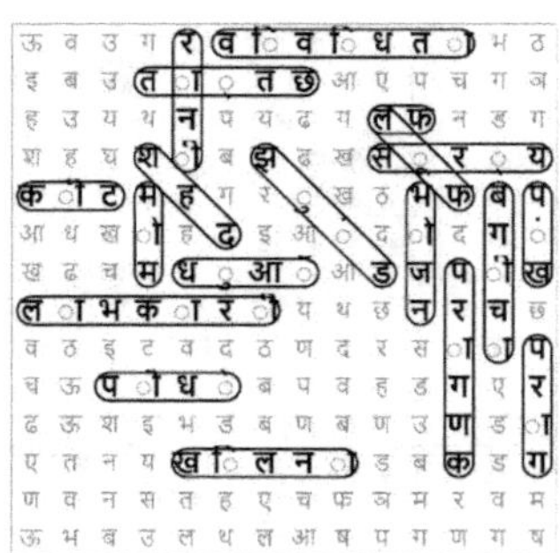

24 - Photography

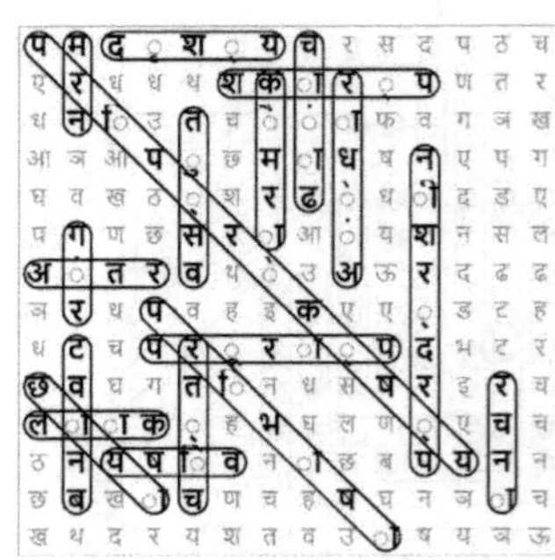

25 - Weather

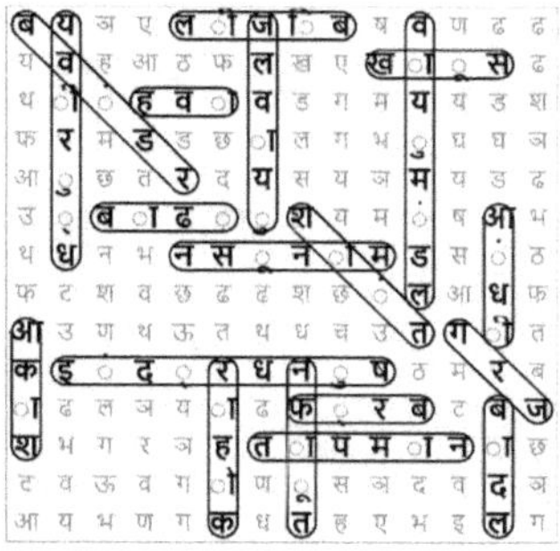

26 - Adventure

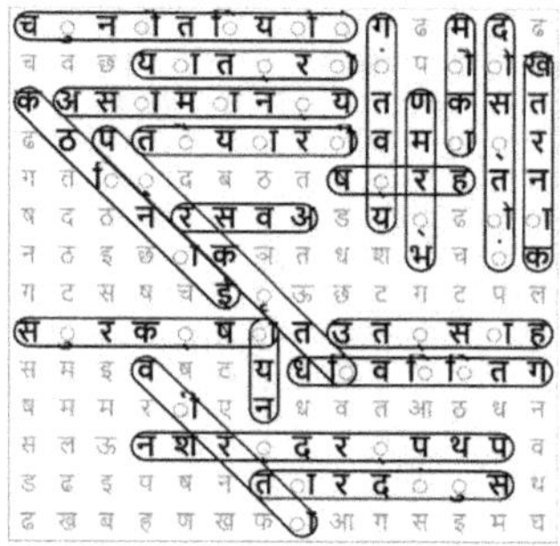

27 - Sport

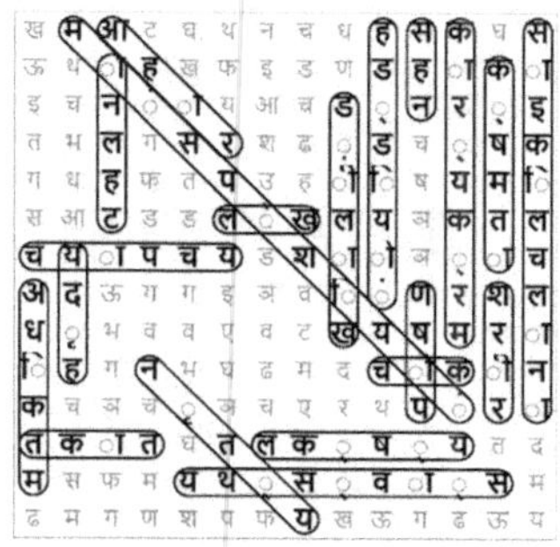

28 - Circus

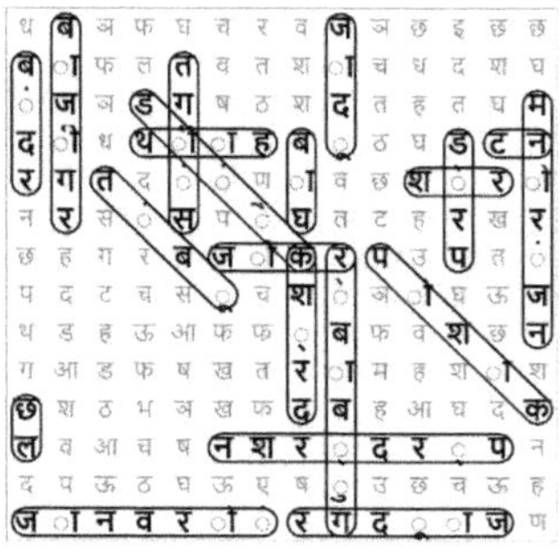

29 - Restaurant #2

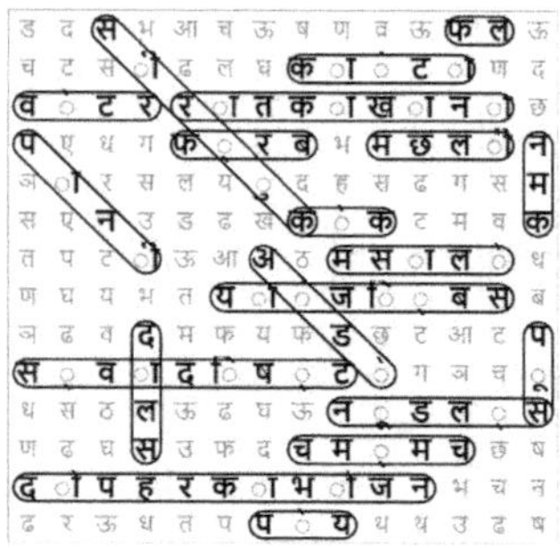

30 - Geology

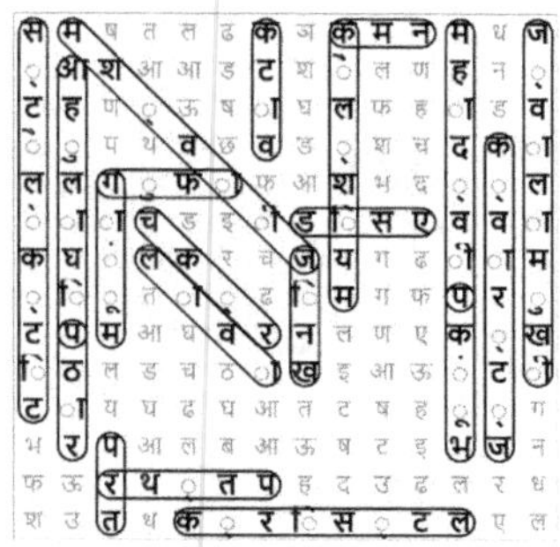

31 - House

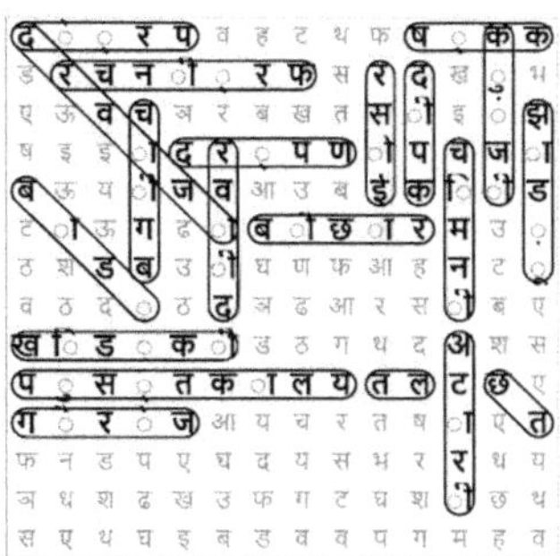

32 - Physics

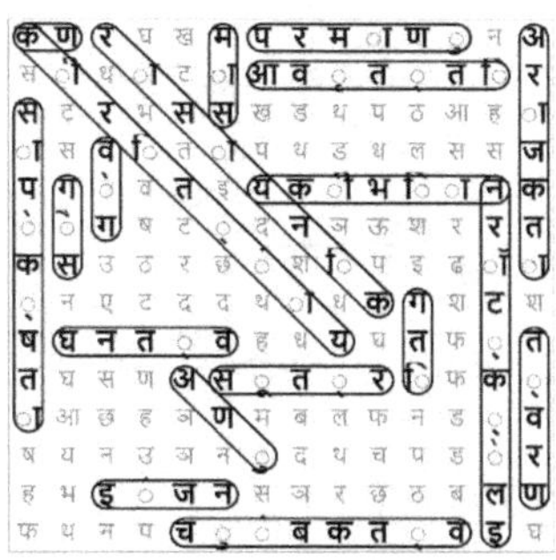

33 - Dance

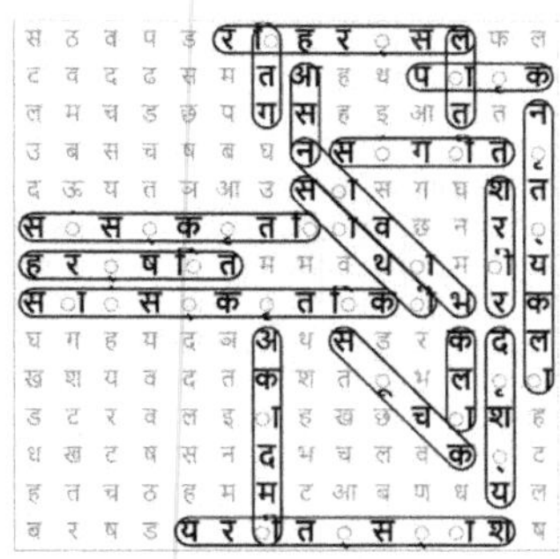

34 - Coffee

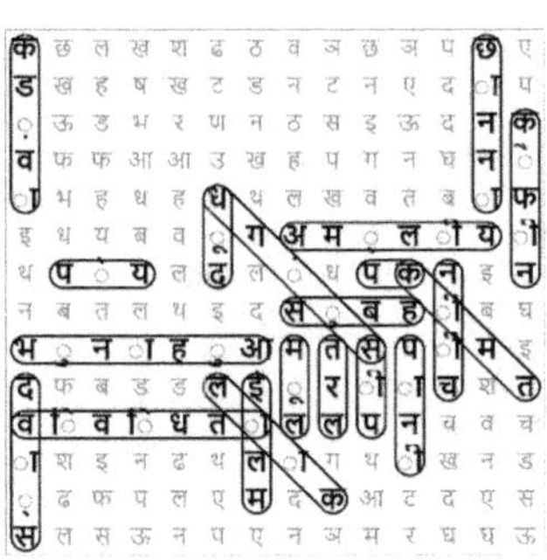

35 - Scientific Disciplines

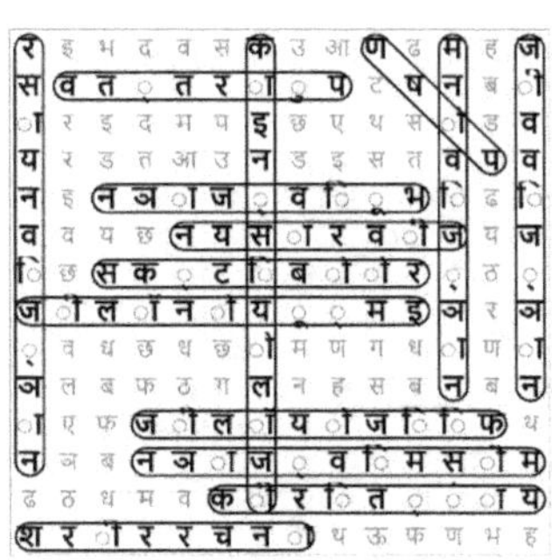

36 - Science

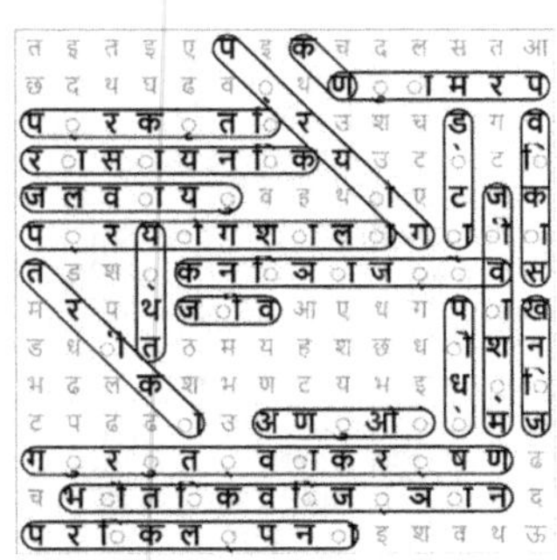

37 - Beauty

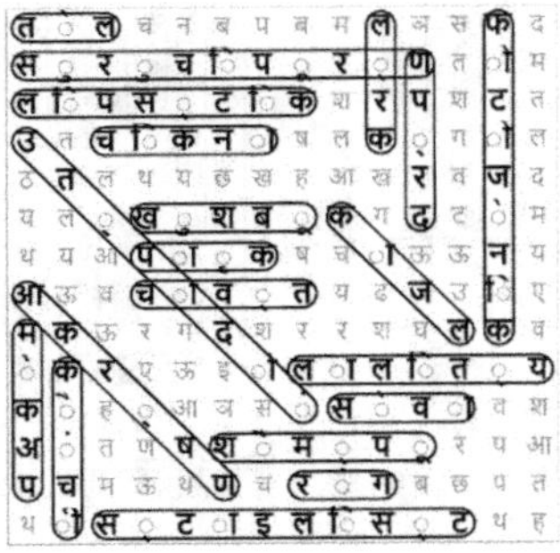

38 - Clothes

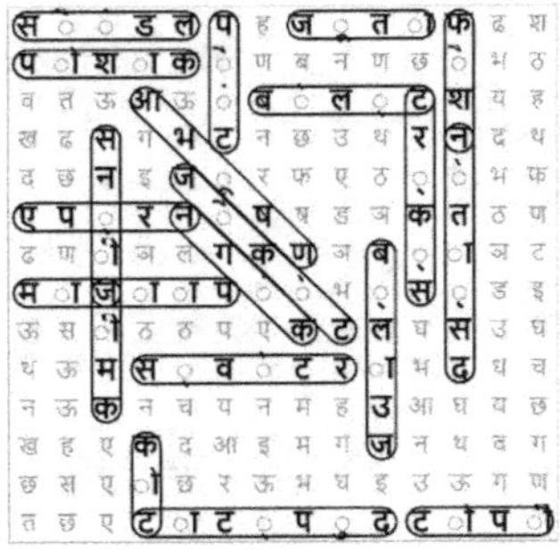

39 - Ethics

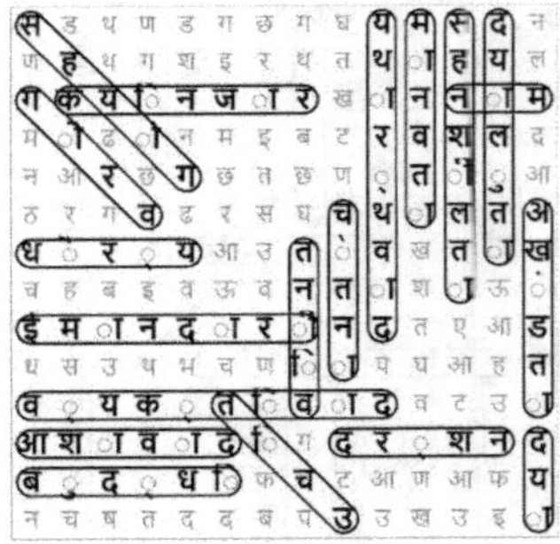

40 - Astronomy

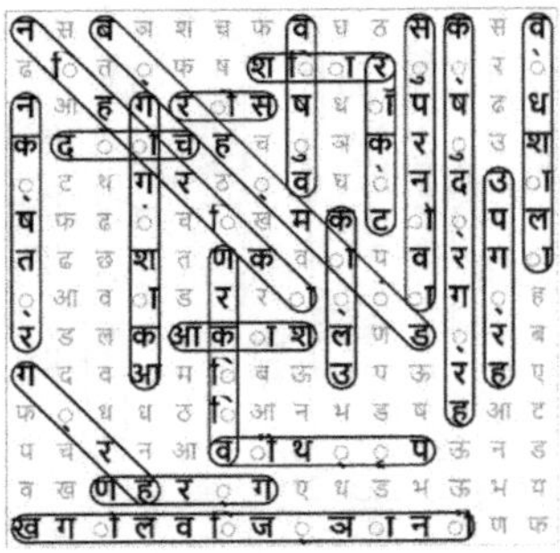

41 - Health and Wellness #2

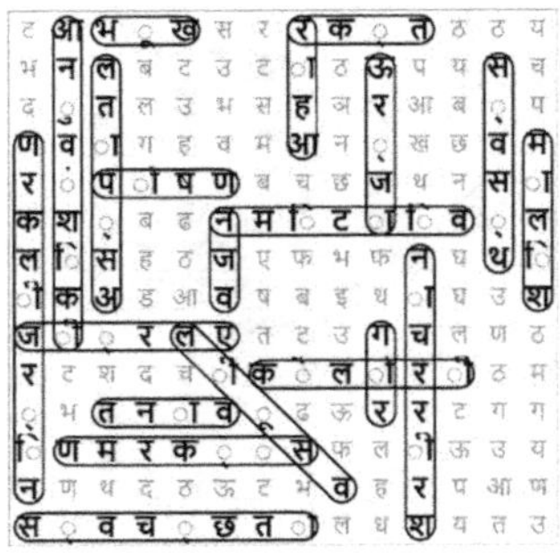

42 - Time

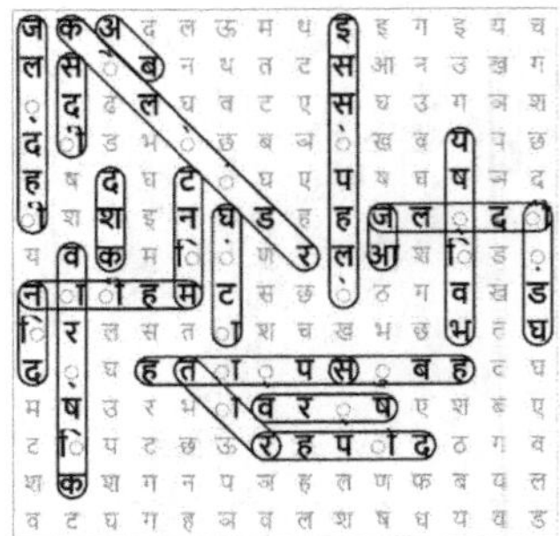

43 - Buildings

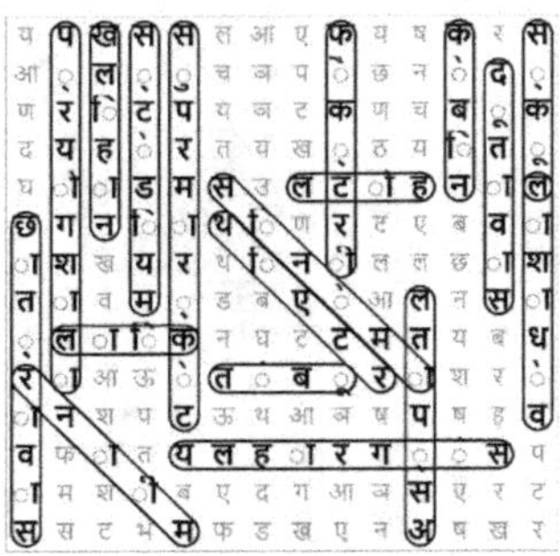

44 - Philanthropy

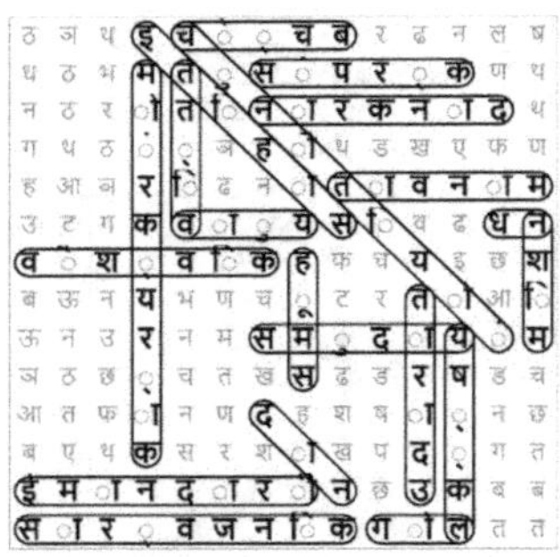

45 - Gardening

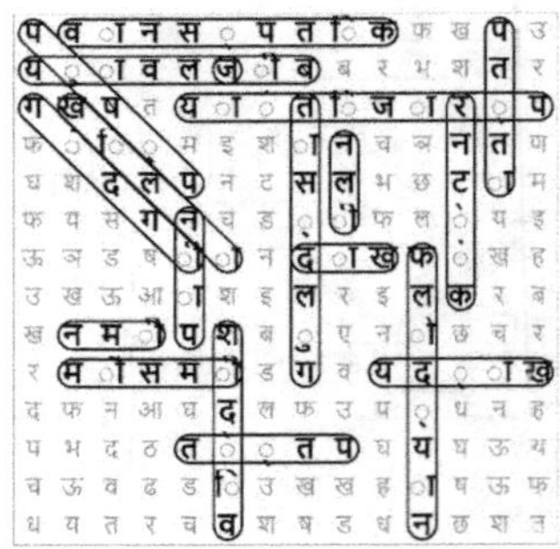

46 - Herbalism

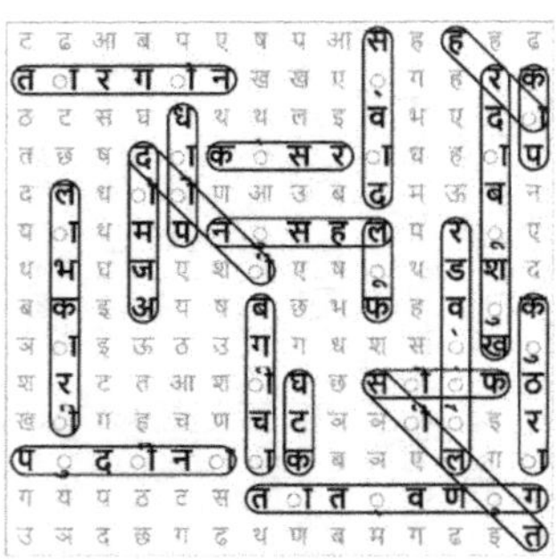

47 - Vehicles

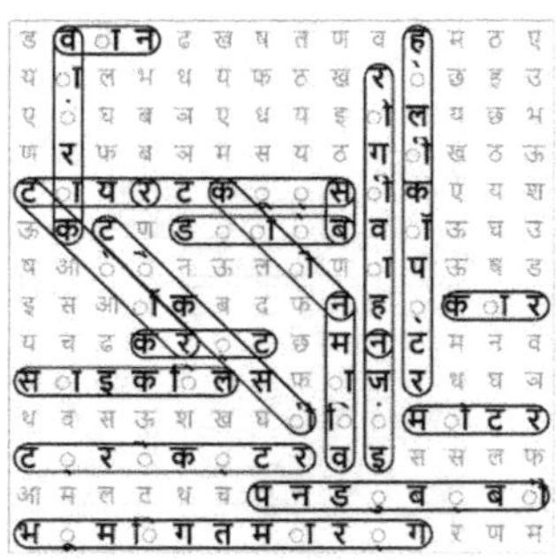

48 - Health and Wellness #1

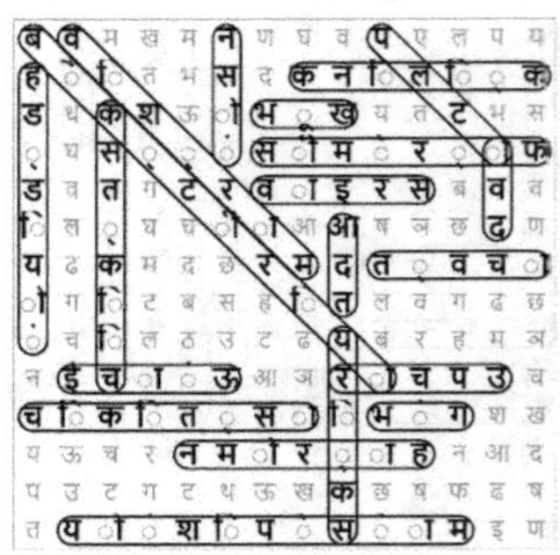

49 - Town

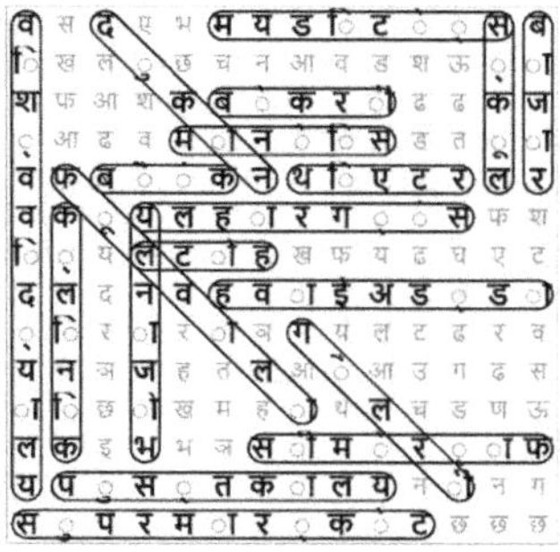

50 - Antarctica

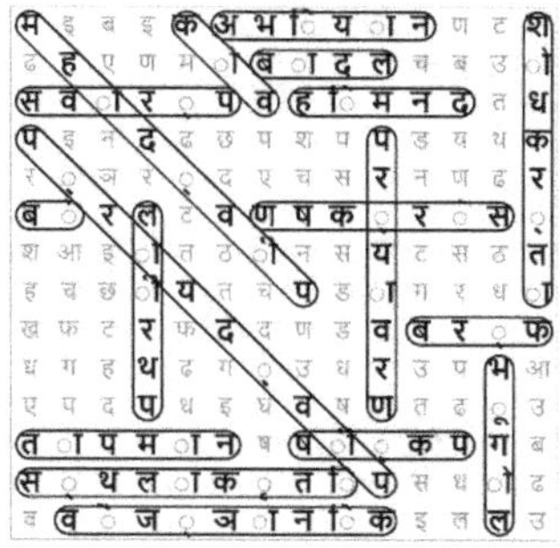

51 - Ballet

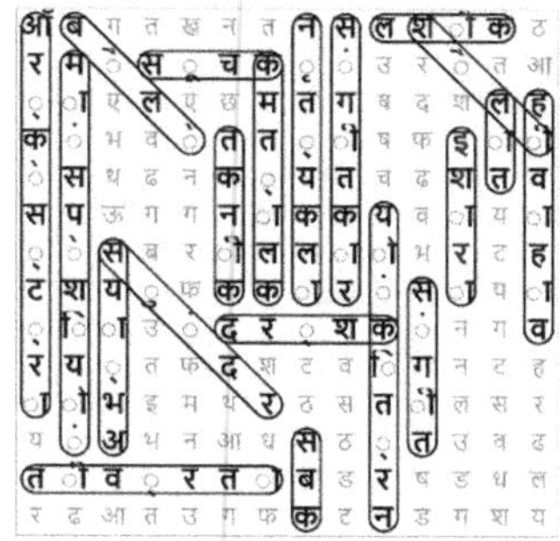

52 - Fashion

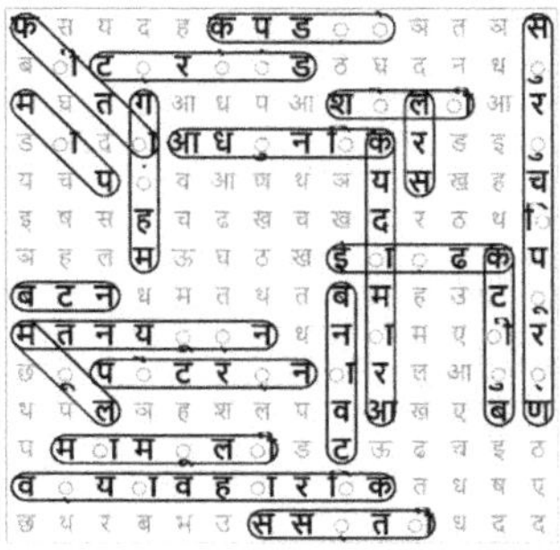

53 - Human Body

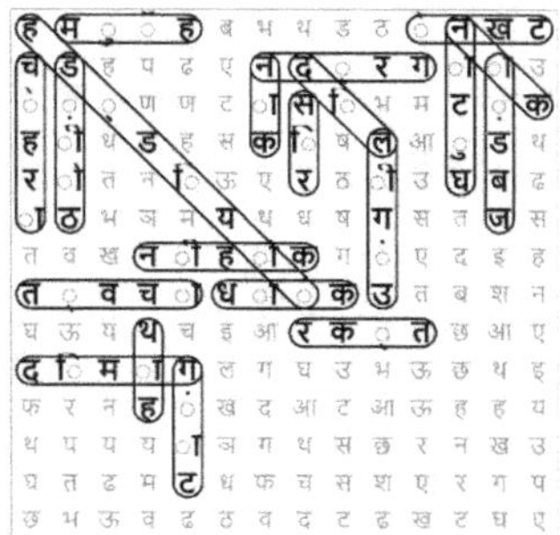

54 - Fruit

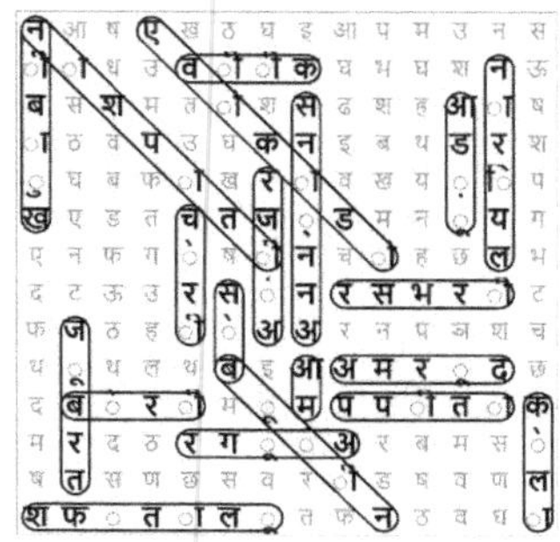

55 - Engineering

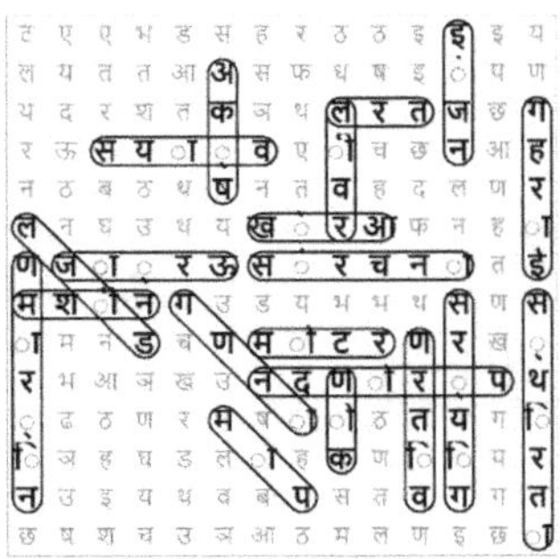

56 - Kitchen

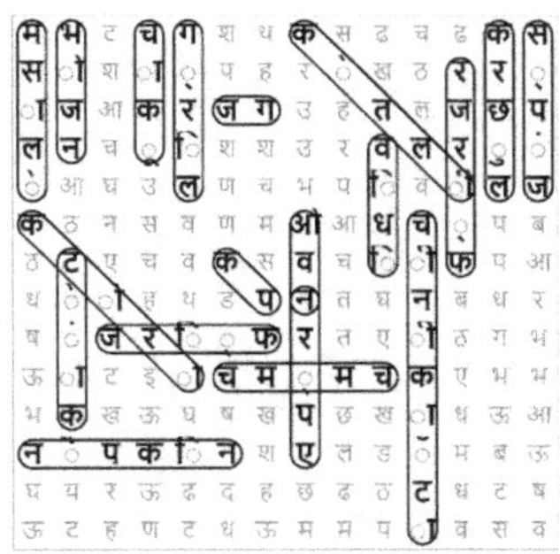

57 - Government

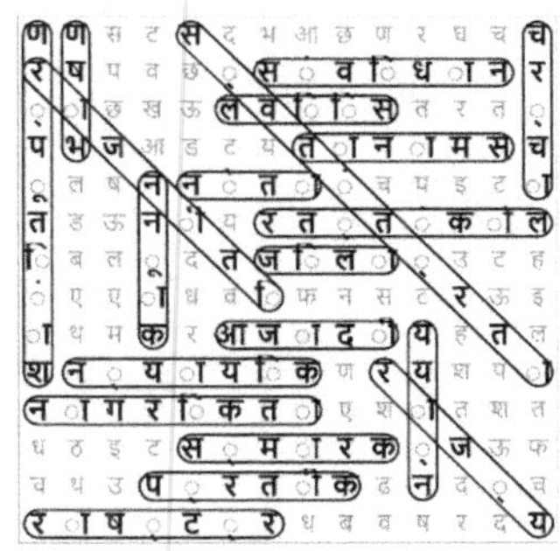

58 - Art Supplies

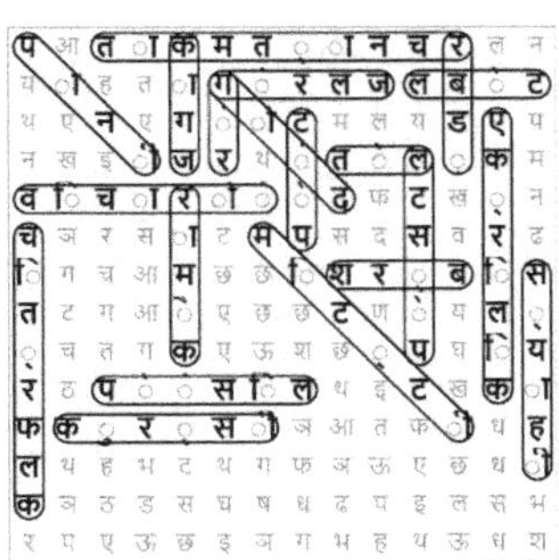

59 - Science Fiction

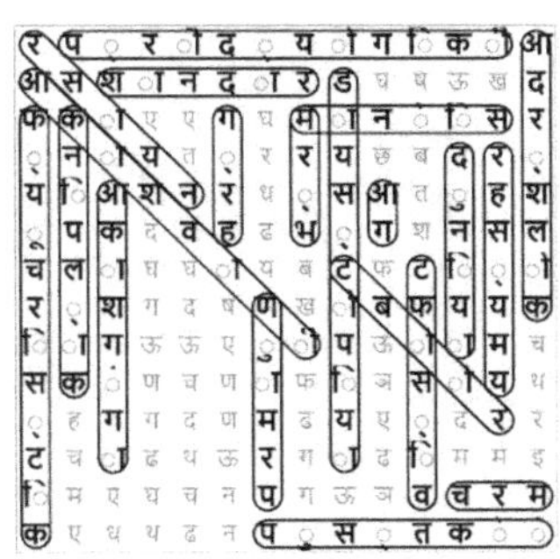

60 - Geometry

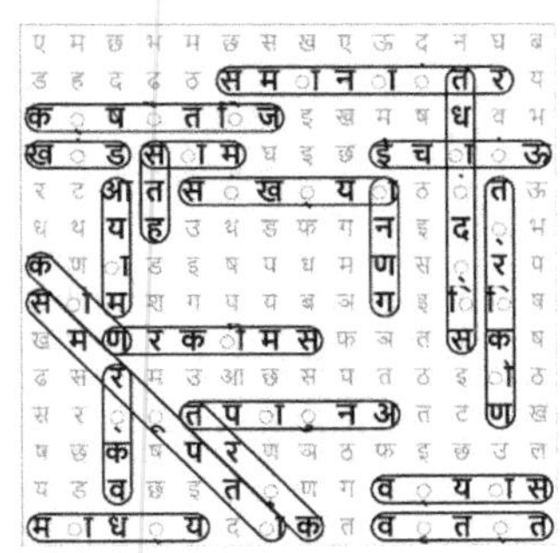

61 - Creativity

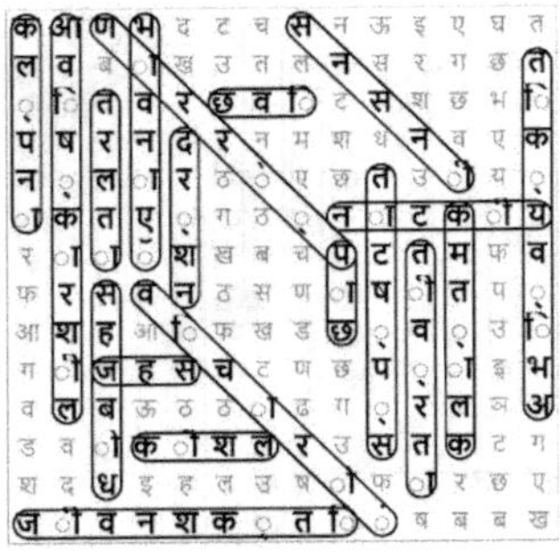

62 - Airplanes

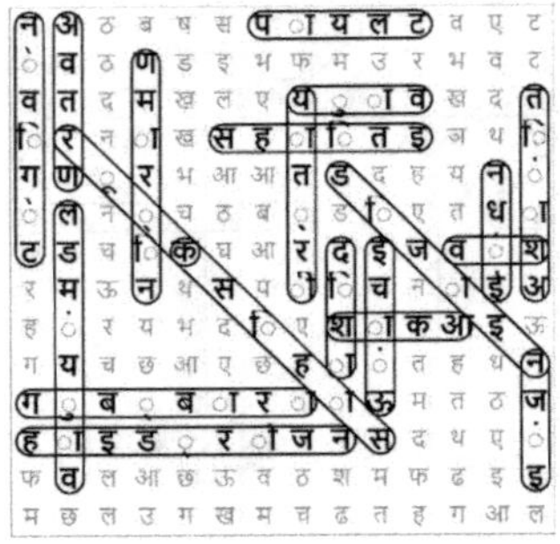

63 - Ocean

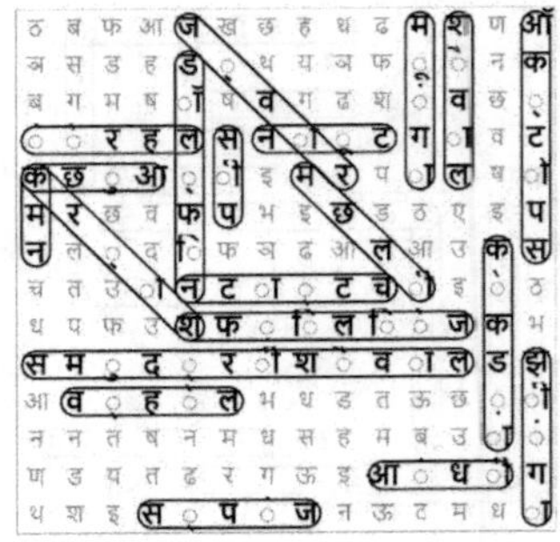

64 - Force and Gravity

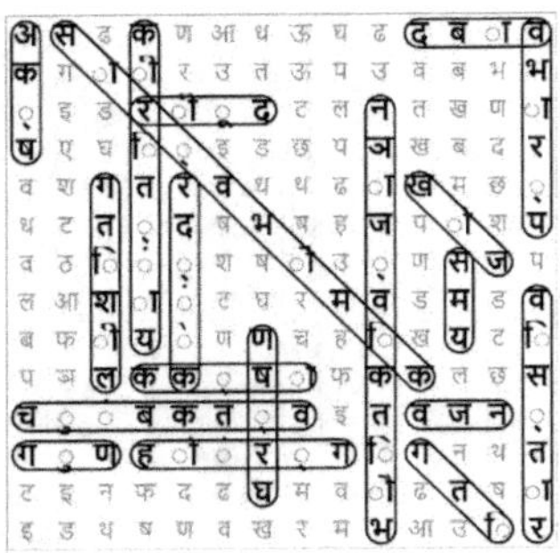

65 - Birds

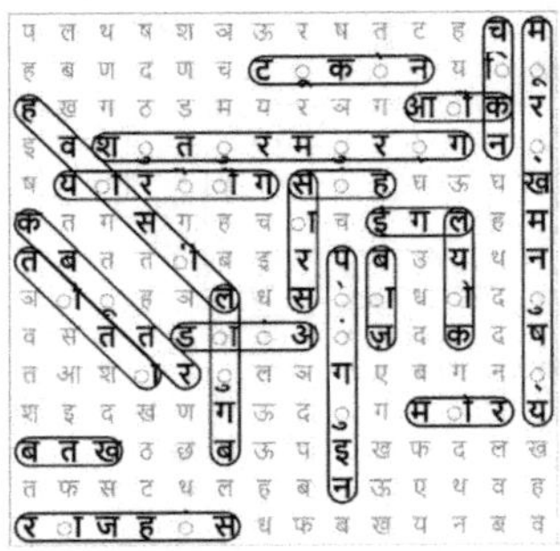

66 - Nutrition

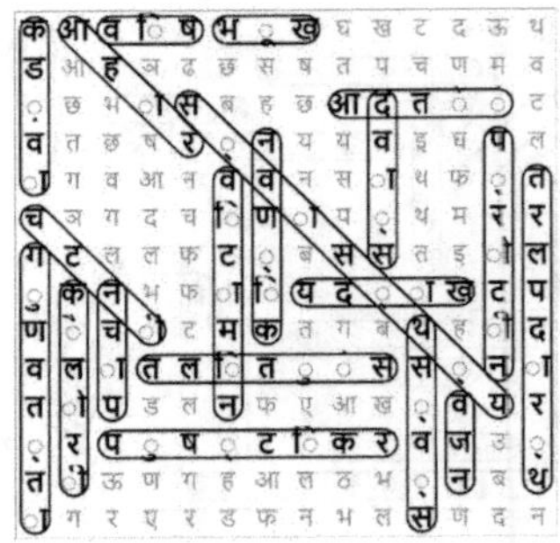

67 - Hiking

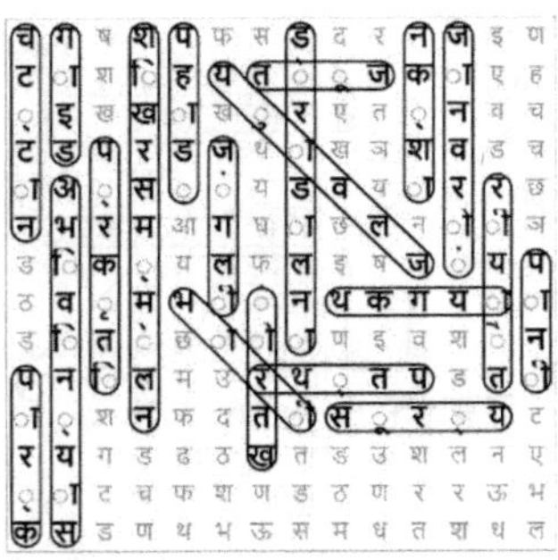

68 - Professions #1

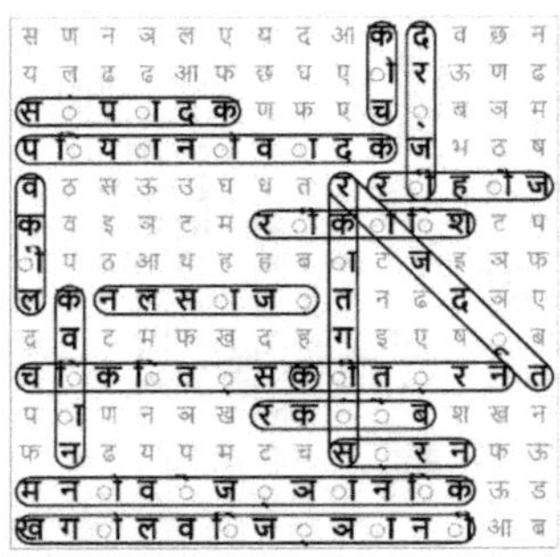

69 - Barbecues

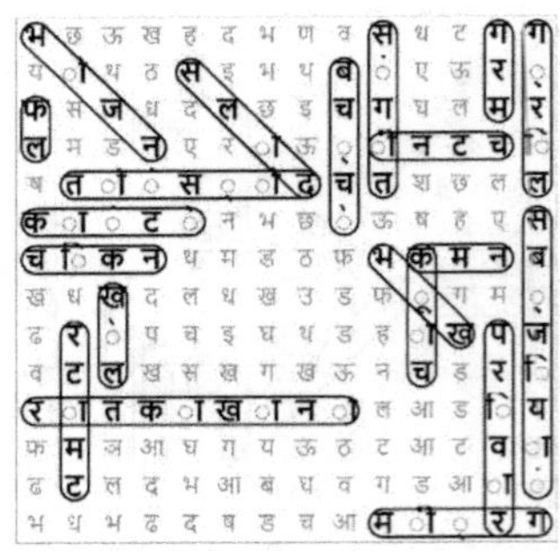

70 - Chocolate

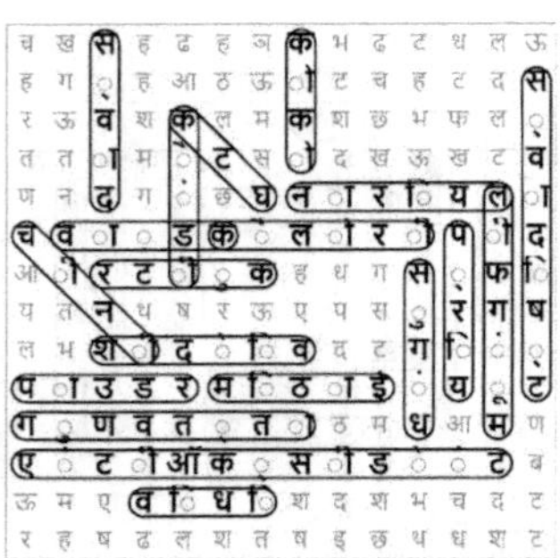

71 - Vegetables

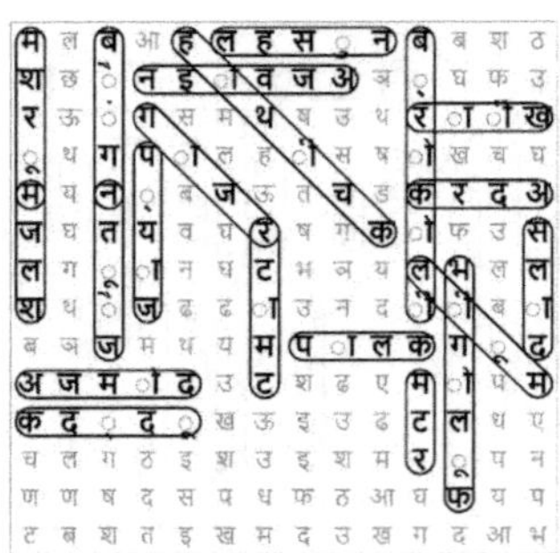

72 - The Media

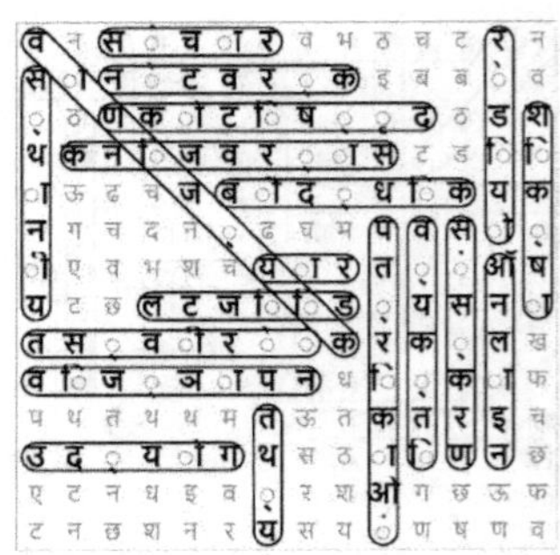

73 - Boats

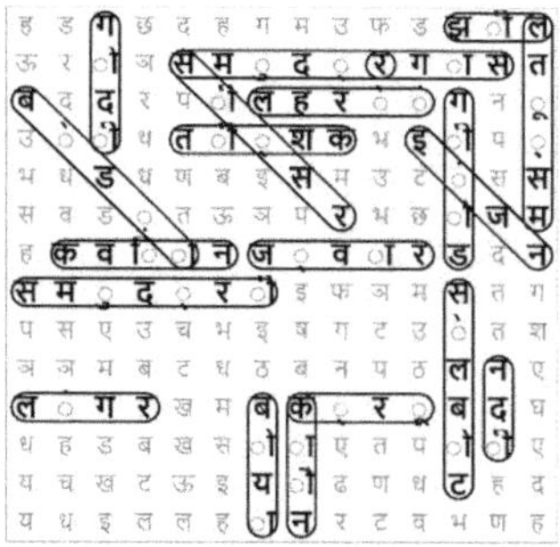

74 - Driving

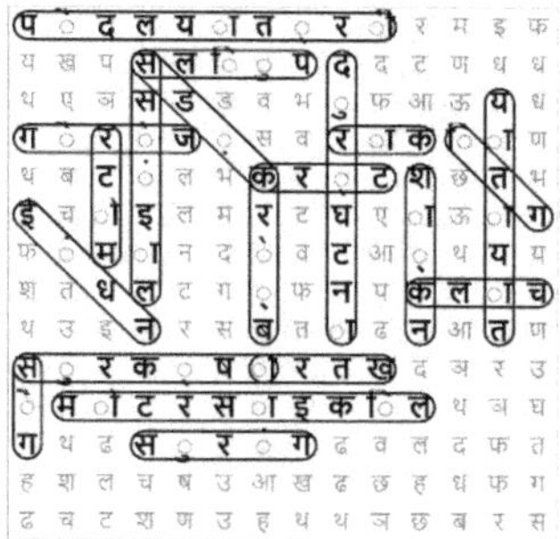

75 - Professions #2

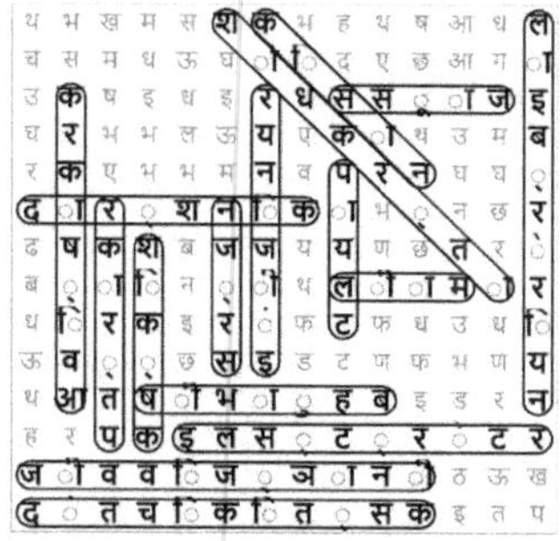

76 - Mythology

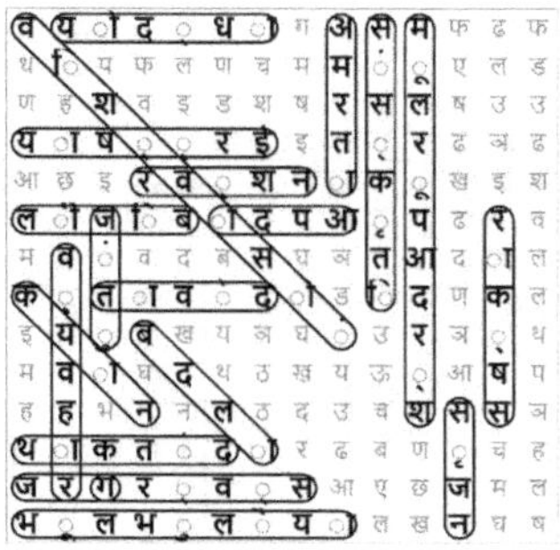

77 - Hair Types

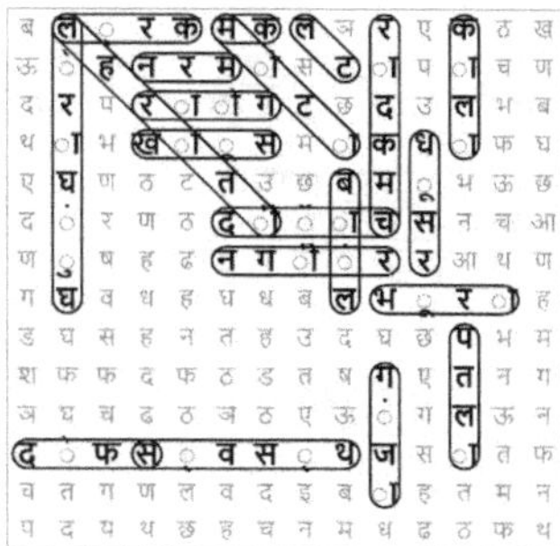

78 - Garden

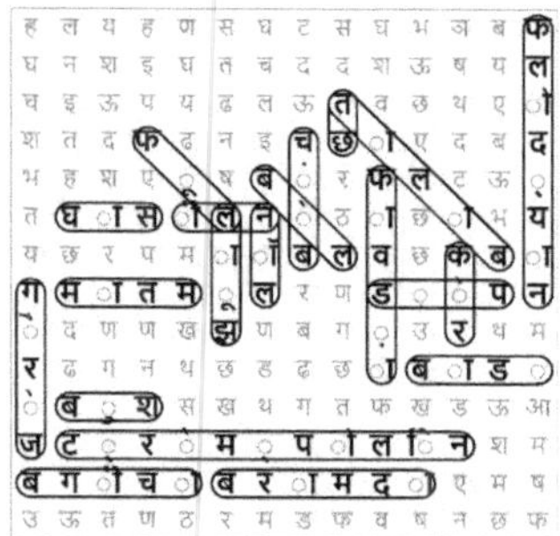

79 - Diplomacy

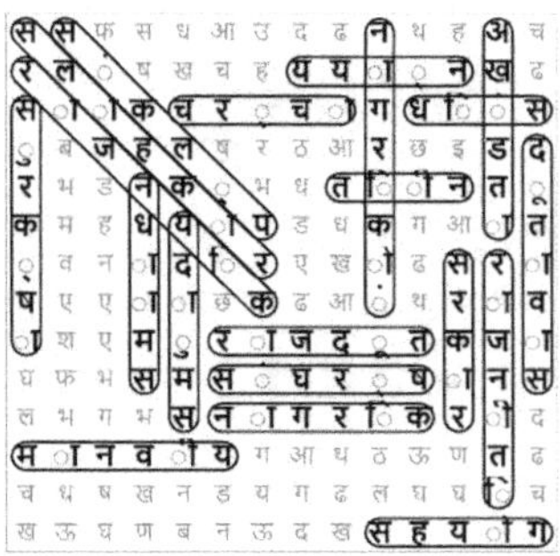

80 - Countries #1

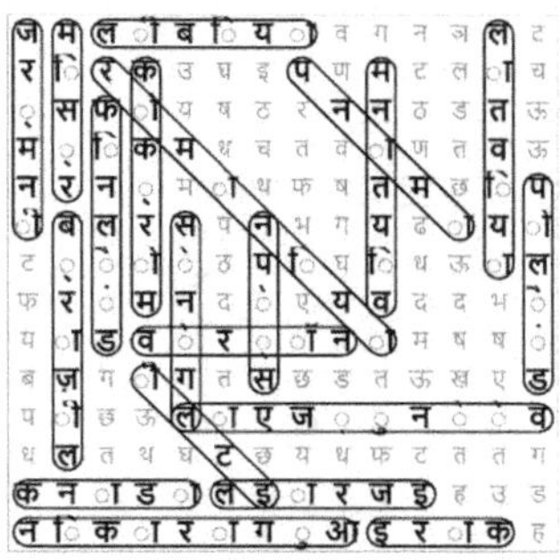

81 - Adjectives #1

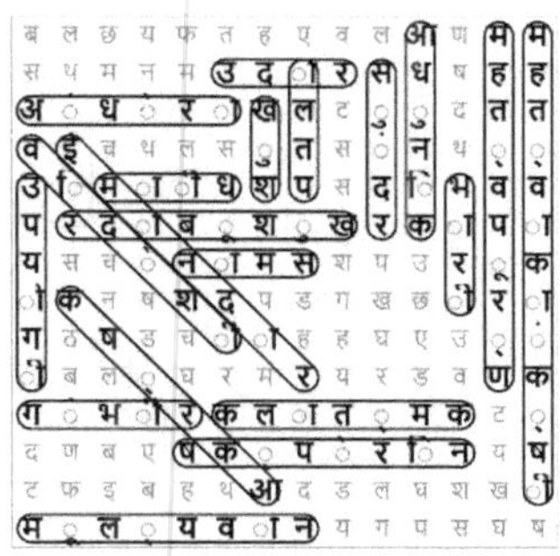

82 - Rainforest

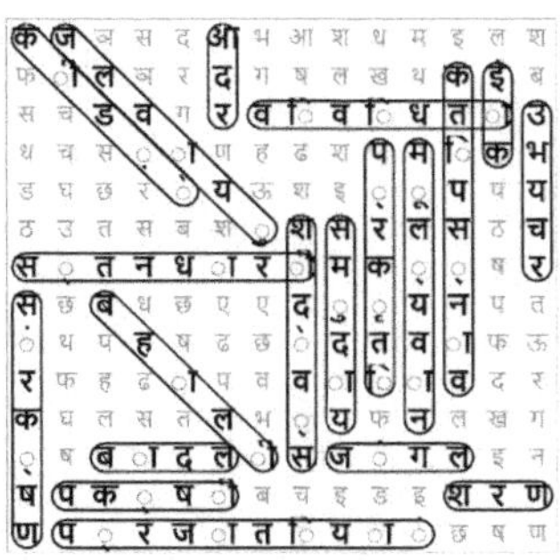

83 - Technology

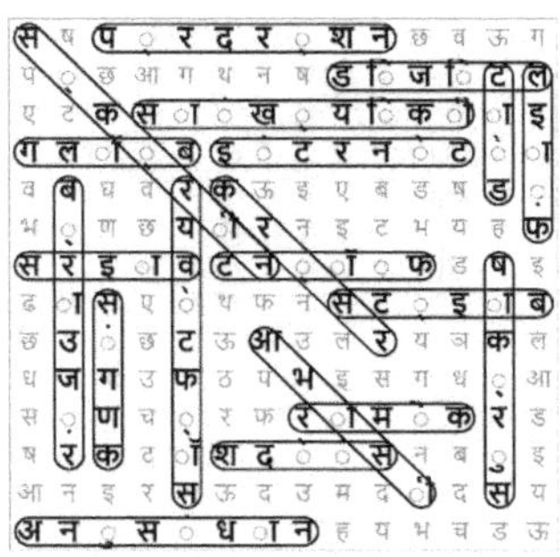

84 - Landscapes

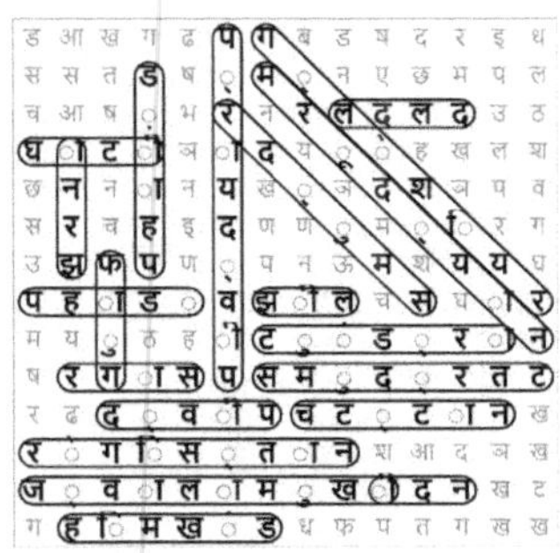

85 - Plants

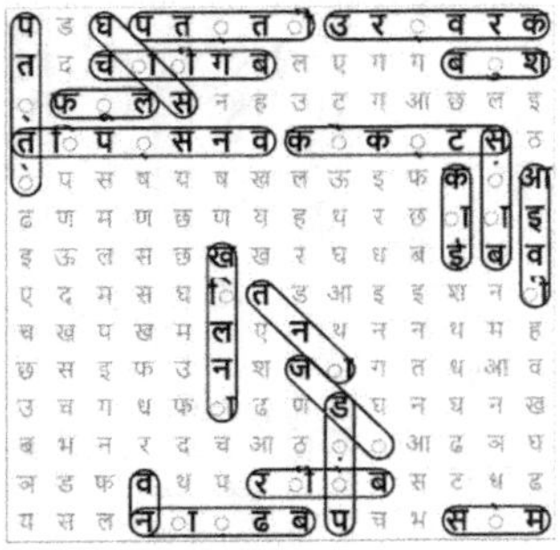

86 - Boxing

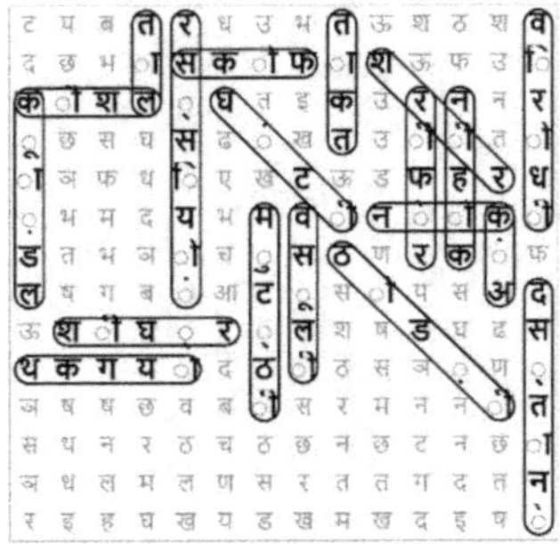

87 - Countries #2

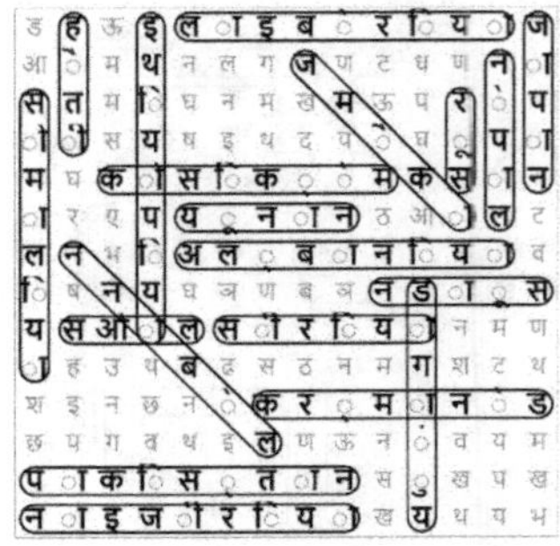

88 - Adjectives #2

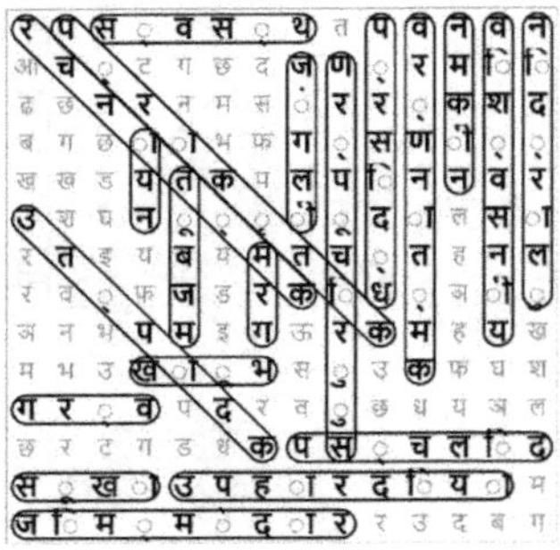

89 - Psychology

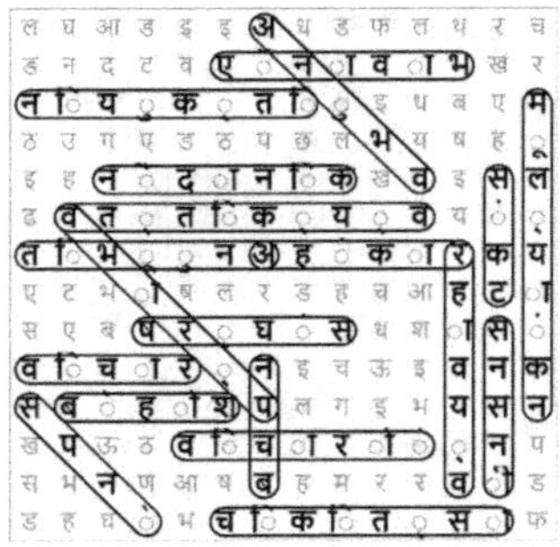

90 - Math

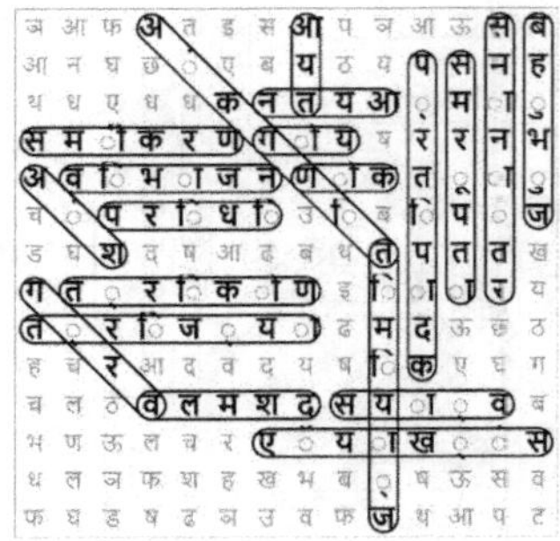

91 - Activities

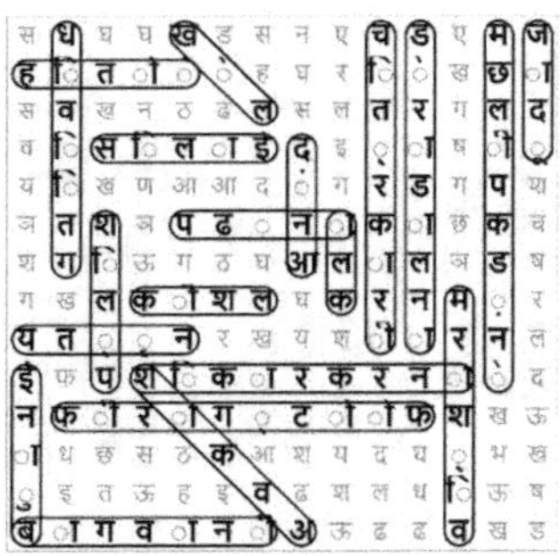

92 - Money

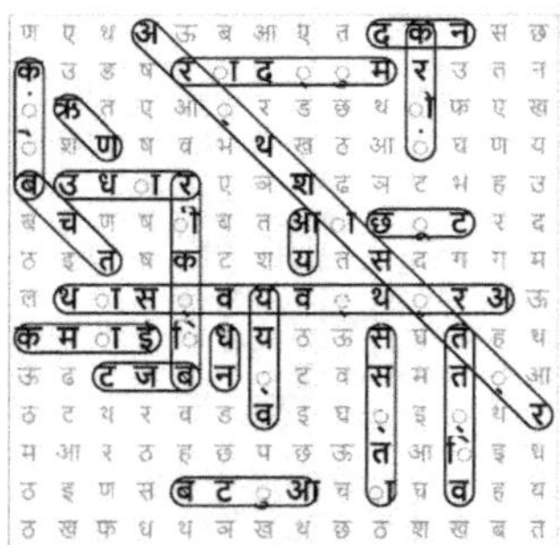

93 - Business

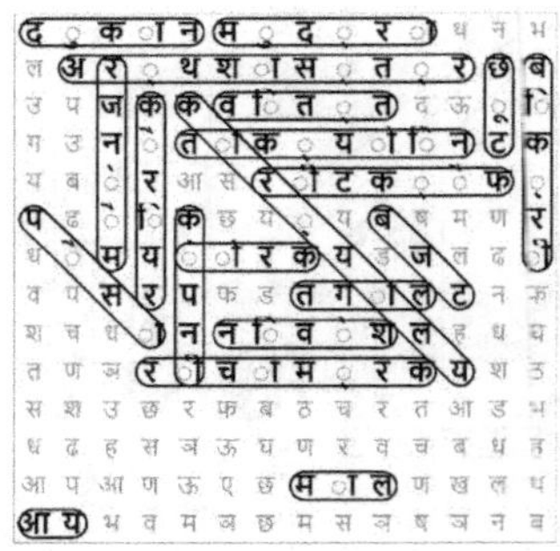

94 - The Company

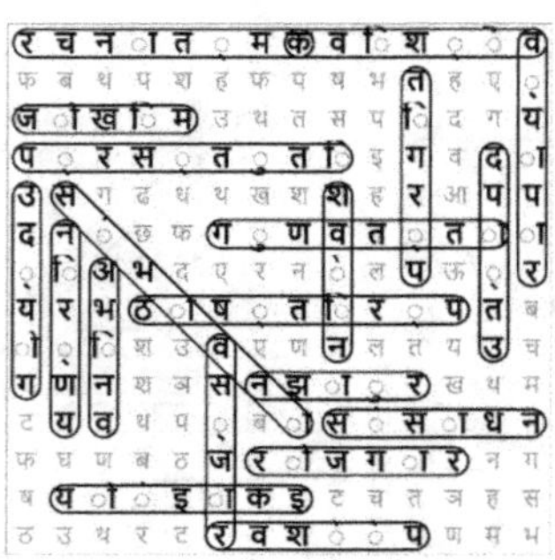

95 - Literature

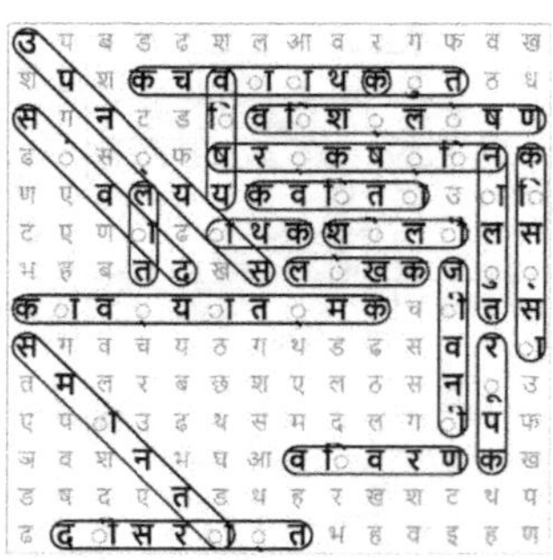

96 - Geography

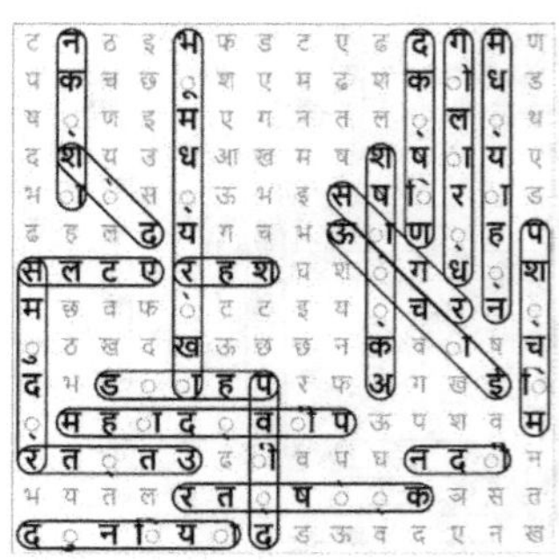

97 - Jazz

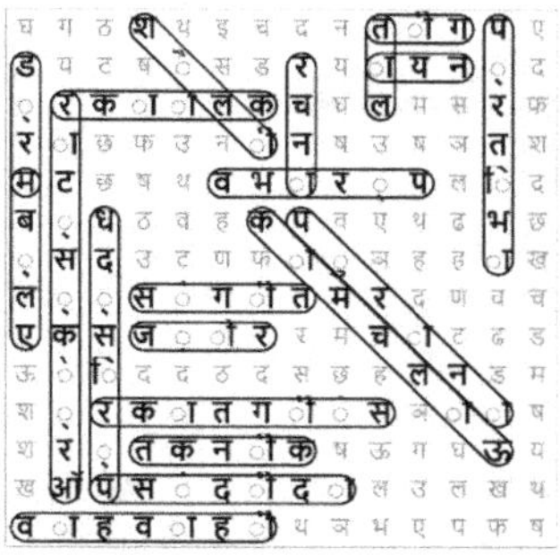

98 - Nature

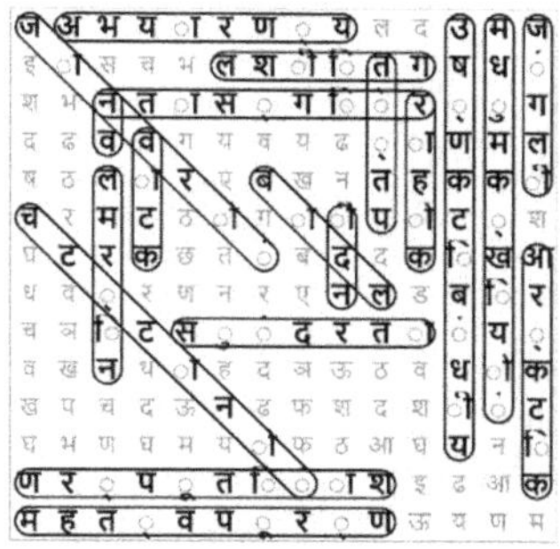

99 - Vacation #2

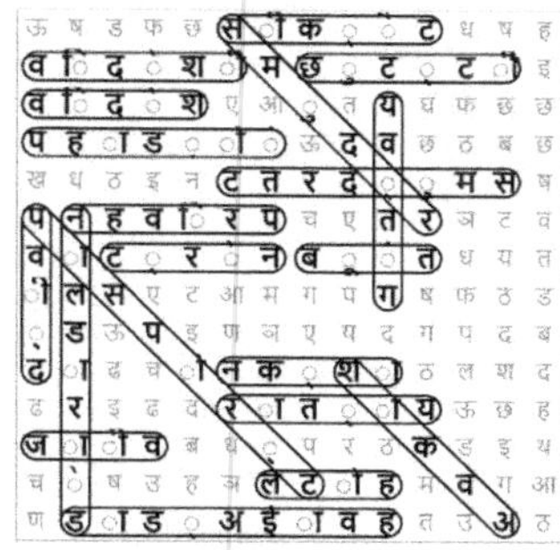

100 - Electricity

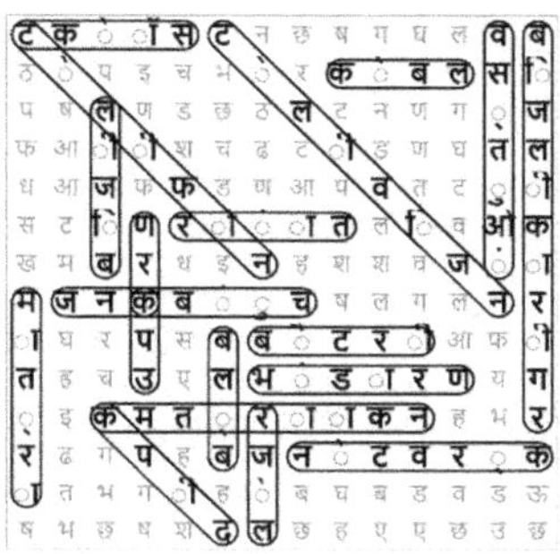

Dictionary

Activities
गतविधियाँ

Activity	गतविधि
Art	कला
Camping	डेरा डालना
Crafts	शल्पि
Dancing	नृत्य
Fishing	मछली पकड़ने
Games	खेल
Gardening	बागवानी
Hunting	शकिार करना
Interests	हतिों
Knitting	बुनाई
Leisure	अवकाश
Magic	जादू
Painting	चत्रिकारी
Photography	फोटोग्राफी
Pleasure	आनंद
Reading	पढ़ना
Relaxation	वश्रिाम
Sewing	सलिाई
Skill	कौशल

Adjectives #1
वशिषण #1

Absolute	नरिपेक्ष
Ambitious	महत्वाकांक्षी
Aromatic	खुशबूदार
Artistic	कलात्मक
Attractive	आकर्षक
Beautiful	सुंदर
Dark	अंधेरा
Exotic	वदिशी
Generous	उदार
Happy	खुश
Heavy	भारी
Helpful	उपयोगी
Honest	ईमानदार
Identical	समान
Important	महत्वपूर्ण
Modern	आधुनकि
Serious	गंभीर
Slow	धीमा
Thin	पतला
Valuable	मूल्यवान

Adjectives #2
वशिषण #2

Authentic	वश्विसनीय
Creative	रचनात्मक
Descriptive	वर्णनात्मक
Dry	सूखा
Elegant	सुरुचपिूर्ण
Famous	प्रसद्धि
Gifted	उपहार दयिा
Healthy	स्वस्थ
Hot	गरम
Hungry	भूखा
Interesting	दलिचस्प
Natural	प्राकृतकि
New	नया
Productive	उत्पादक
Proud	गर्व
Responsible	जम्मिेदार
Salty	नमकीन
Sleepy	नद्रिालु
Strong	मजबूत
Wild	जंगली

Adventure
साहसकि कार्य

Activity	गतविधि
Beauty	सुंदरता
Bravery	वीरता
Challenges	चुनौतयिों
Chance	मौका
Dangerous	खतरनाक
Destination	गंतव्य
Difficulty	कठनिाई
Enthusiasm	उत्साह
Excursion	भ्रमण
Friends	दोस्तों
Joy	हर्ष
Nature	प्रकृत
Navigation	पथ प्रदर्शन
New	नया
Opportunity	अवसर
Preparation	तैयारी
Safety	सुरक्षा
Travels	यात्रा
Unusual	असामान्य

Airplanes
हवाई जहाज

Adventure	साहसकि
Air	वायु
Atmosphere	वायुमंडल
Balloon	गुब्बारा
Construction	नर्मिाण
Crew	क्रू
Descent	वंश
Design	डजिाइन
Direction	दशिा
Engine	इंजन
Fuel	ईंधन
Height	ऊंचाई
History	इतहिास
Hydrogen	हाइड्रोजन
Landing	अवतरण
Navigate	नेवगिेट
Passenger	यात्री
Pilot	पायलट
Sky	आकाश
Turbulence	अशांत

Algebra
बीजगणति

Diagram	आरेख
Division	वभिाजन
Equation	समीकरण
Exponent	प्रतपिादक
Factor	कारक
False	झूठा
Formula	सूत्र
Fraction	अंश
Graph	ग्राफ
Infinite	अनंत
Linear	रेखीय
Matrix	मैट्रक्सि
Number	संख्या
Parenthesis	कोष्ठक
Problem	संकट
Quantity	मात्रा
Solution	समाधान
Subtraction	घटाव
Variable	चर
Zero	शून्य

Antarctica
अंटार्कटिका

Bay	बे
Birds	पक्षी
Clouds	बादल
Conservation	संरक्षण
Continent	महाद्वीप
Cove	कोव
Environment	पर्यावरण
Expedition	अभियान
Geography	भूगोल
Glaciers	हिमनद
Ice	बर्फ
Islands	द्वीप समूह
Migration	प्रवास
Peninsula	प्रायद्वीप
Researcher	शोधकर्ता
Rocky	पथरीला
Scientific	वैज्ञानिक
Temperature	तापमान
Topography	स्थलाकृति
Water	पानी

Antiques
प्राचीन वस्तुएँ

Art	कला
Auction	नीलामी
Authentic	विश्वसनीय
Century	सदी
Coins	सिक्के
Decades	दशकों
Decorative	सजावटी
Elegant	सुरुचिपूर्ण
Furniture	फर्नीचर
Gallery	गैलरी
Investment	निवेश
Jewelry	आभूषण
Old	पुराना
Price	कीमत
Quality	गुणवत्ता
Restoration	बहाली
Sculpture	मूर्तिकला
Style	शैली
Unusual	असामान्य
Value	मूल्य

Archeology
पुरातत्व

Analysis	विश्लेषण
Ancient	प्राचीन
Antiquity	पुरातनता
Bones	हड्डियों
Civilization	सभ्यता
Descendant	वंशज
Era	युग
Evaluation	मूल्यांकन
Expert	विशेषज्ञ
Forgotten	भुला दिया
Fossil	जीवाश्म
Fragments	टुकड़े
Mystery	रहस्य
Objects	वस्तुओं
Relic	अवशेष
Researcher	शोधकर्ता
Team	टीम
Temple	मंदिर
Tomb	मकबरे
Unknown	अनजान

Art Supplies
कला की आपूर्ति

Acrylic	एक्रिलिक
Brushes	ब्रश
Camera	कैमरा
Chair	कुर्सी
Clay	मिट्टी
Colors	रंग
Creativity	रचनात्मकता
Easel	चित्रफलक
Eraser	रबड़
Glue	गोंद
Ideas	विचारों
Ink	स्याही
Oil	तेल
Paints	पेंट
Paper	कागज
Pastels	पेस्टल
Pencils	पेंसिल
Table	टेबल
Water	पानी
Watercolors	जल रंग

Astronomy
खगोल विद्या

Asteroid	क्षुद्रग्रह
Astronomer	खगोल विज्ञानी
Constellation	नक्षत्र
Cosmos	ब्रह्मांड
Earth	पृथ्वी
Eclipse	ग्रहण
Equinox	विषुव
Galaxy	आकाशगंगा
Meteor	उल्का
Moon	चाँद
Nebula	निहारिका
Observatory	वेधशाला
Planet	ग्रह
Radiation	विकिरण
Rocket	रॉकेट
Satellite	उपग्रह
Sky	आकाश
Solar	सौर
Supernova	सुपरनोवा
Zodiac	राशि

Ballet
बैले

Applause	वाहवाही
Artistic	कलात्मक
Audience	दर्शक
Ballerina	बैले
Choreography	नृत्यकला
Composer	संगीतकार
Dancers	नर्तकियों
Expressive	सूचक
Gesture	इशारा
Graceful	सुंदर
Intensity	तीव्रता
Lessons	सबक
Muscles	मांसपेशियों
Music	संगीत
Orchestra	ऑर्केस्ट्रा
Practice	अभ्यास
Rhythm	ताल
Skill	कौशल
Style	शैली
Technique	तकनीक

Barbecues
बारबेक्यू

Chicken	चकिन
Children	बच्चे
Dinner	रात का खाना
Family	परविार
Food	भोजन
Forks	कांटे
Friends	दोस्तों
Fruit	फल
Games	खेल
Grill	ग्रलि
Hot	गरम
Hunger	भूख
Knives	चाकू
Music	संगीत
Salads	सलाद
Salt	नमक
Sauce	चटनी
Summer	गर्मी
Tomatoes	टमाटर
Vegetables	सब्जयिां

Beauty
ब्यूटी

Charm	आकर्षण
Color	रंग
Curls	कर्ल
Elegance	लालत्यि
Elegant	सुरुचपूिर्ण
Fragrance	खुशबू
Grace	कृपा
Lipstick	लपिस्टकि
Makeup	मेकअप
Mascara	काजल
Mirror	दर्पण
Oils	तेल
Photogenic	फोटोजेनकि
Products	उत्पादों
Scissors	कैंची
Services	सेवा
Shampoo	शैम्पू
Skin	त्वचा
Smooth	चकिना
Stylist	स्टाइलस्टि

Bees
मधुमक्खयिों

Beneficial	लाभकारी
Blossom	खलिना
Diversity	ववििधिता
Flowers	फूल
Food	भोजन
Fruit	फल
Garden	बगीचा
Hive	छत्ता
Honey	शहद
Insect	कीट
Plants	पौधे
Pollen	पराग
Pollinator	परागणक
Queen	रानी
Smoke	धुआँ
Sun	सूर्य
Swarm	झुंड
Wax	मोम
Wings	पंख

Birds
पक्षयिों

Chicken	चकिन
Crow	कौआ
Cuckoo	कोयल
Duck	बतख
Eagle	ईगल
Egg	अंडा
Flamingo	राजहंस
Gull	मूर्ख मनुष्य
Hawk	बाज़
Heron	बगुला
Ostrich	शुतुरमुर्ग
Parrot	तोता
Peacock	मोर
Pelican	हवासील
Penguin	पेंगुइन
Pigeon	कबूतर
Sparrow	गौरैया
Stork	सारस
Swan	हंस
Toucan	टूकेन

Boats
नौकाएँ

Anchor	लंगर
Buoy	बोया
Canoe	डोंगी
Crew	क्रू
Dock	गोदी
Engine	इंजन
Kayak	कश्ती
Lake	झील
Mast	मस्तूल
Nautical	समुद्री
Ocean	सागर
Raft	बेड़ा
River	नदी
Rope	रस्सी
Sailboat	सेलबोट
Sailor	नावकि
Sea	समुद्र
Tide	ज्वार
Waves	लहरें
Yacht	नौका

Books
पुस्तकें

Adventure	साहसकि
Author	लेखक
Collection	संग्रह
Context	संदर्भ
Duality	द्वंद्व
Epic	महाकाव्य
Historical	ऐतहिासकि
Humorous	वनिोदी
Inventive	आवष्किारशील
Literary	साहत्यिकि
Narrator	कथावाचक
Novel	उपन्यास
Page	पृष्ठ
Poem	कवतिा
Reader	पाठक
Relevant	प्रासंगकि
Series	शृंखला
Story	कहानी
Tragic	दुखद
Written	लखिति

Boxing
मुक्केबाज़ी

Bell	घंटी
Body	शरीर
Chin	ठोड़ी
Corner	कोने
Elbow	कोहनी
Exhausted	थक गया
Fighter	लड़ाकू
Fist	मुट्ठी
Focus	फोकस
Gloves	दस्ताने
Kick	लात
Opponent	वरिोधी
Points	अंक
Quick	शीघ्र
Recovery	वसूली
Referee	रेफरी
Ropes	रस्सयिों
Skill	कौशल
Strength	ताकत

Buildings
इमारतें

Apartment	अपार्टमेंट
Barn	खलहिान
Cabin	केबनि
Castle	कलिा
Cinema	सनिमा
Embassy	दूतावास
Factory	फैक्टरी
Hospital	अस्पताल
Hostel	छात्रावास
Hotel	होटल
Laboratory	प्रयोगशाला
Museum	संग्रहालय
Observatory	वेधशाला
School	स्कूल
Stadium	स्टेडयिम
Supermarket	सुपरमार्केट
Tent	तंबू
Theater	थएिटर
Tower	मीनार
University	वशि्ववद्यालय

Business
व्यापार

Budget	बजट
Career	कैरयिर
Company	कंपनी
Cost	लागत
Currency	मुद्रा
Discount	छूट
Economics	अर्थशास्त्र
Employee	कर्मचारी
Employer	नयिोक्ता
Factory	फैक्टरी
Finance	वति्त
Income	आय
Investment	नविेश
Manager	मैनेजर
Merchandise	माल
Money	पैसा
Office	कार्यालय
Sale	बक्रिी
Shop	दुकान
Taxes	करों

Camping
कैम्पगि

Adventure	साहसकि
Animals	जानवरों
Cabin	केबनि
Canoe	डोंगी
Compass	दक्सिूचक
Fire	आग
Forest	वन
Fun	मज़ा
Hammock	झूला
Hat	टोपी
Hunting	शकिार करना
Insect	कीट
Lake	झील
Map	नक्शा
Moon	चाँद
Mountain	पहाड़
Nature	प्रकृत
Rope	रस्सी
Tent	तंबू
Trees	पेड़

Chemistry
रसायन वज्ञिान

Acid	एसडि
Alkaline	क्षारीय
Atomic	परमाणु
Carbon	कार्बन
Catalyst	उत्प्रेरक
Chlorine	क्लोरीन
Electron	इलेक्ट्रॉन
Enzyme	एंजाइम
Gas	गैस
Heat	गर्मी
Hydrogen	हाइड्रोजन
Ion	आयन
Liquid	तरल
Molecule	अणु
Nuclear	नाभकीिय
Organic	कार्बनकि
Oxygen	ऑक्सीजन
Salt	नमक
Temperature	तापमान
Weight	वजन

Chess
शतरंज

Black	काला
Challenges	चुनौतयिों
Champion	चैंपयिन
Clever	चतुर
Contest	प्रतयिोगता
Diagonal	वकिर्ण
Game	खेल
King	राजा
Opponent	वरिोधी
Passive	नष्क्रियि
Player	खलिाड़ी
Points	अंक
Queen	रानी
Rules	नयिम
Sacrifice	बलदिान
Strategy	रणनीत
Time	समय
Tournament	टूर्नामेंट
White	सफेद

Chocolate
चॉकलेट

Antioxidant	एंटीऑक्सीडेंट
Aroma	सुगंध
Artisanal	कुटीर
Bitter	कड़वा
Cacao	कोको
Calories	कैलोरी
Candy	कैंडी
Coconut	नारयिल
Delicious	स्वादष्टि
Exotic	वदिशी
Favorite	प्रयि
Ingredient	घटक
Peanuts	मूंगफली
Powder	पाउडर
Quality	गुणवत्ता
Recipe	वधिि
Sugar	चीनी
Sweet	मठिाई
Taste	स्वाद

Circus
सर्कस

Acrobat	नट
Animals	जानवरों
Balloons	गुब्बारे
Candy	कैंडी
Clown	जोकर
Costume	पोशाक
Elephant	हाथी
Entertain	मनोरंजन
Juggler	बाजीगर
Lion	शेर
Magic	जादू
Magician	जादूगर
Monkey	बंदर
Music	संगीत
Parade	परेड
Show	प्रदर्शन
Spectator	दर्शक
Tent	तंबू
Tiger	बाघ
Trick	छल

Clothes
कपडे

Apron	एप्रन
Belt	बेल्ट
Blouse	ब्लाउज
Bracelet	कंगन
Coat	कोट
Dress	पोशाक
Fashion	फैशन
Gloves	दस्ताने
Hat	टोपी
Jacket	जैकेट
Jeans	जीन्स
Jewelry	आभूषण
Pajamas	पाजामा
Pants	पैंट
Sandals	सैंडल
Scarf	दुपट्टा
Shirt	कमीज
Shoe	जूता
Skirt	स्कर्ट
Sweater	स्वेटर

Coffee
कॉफ़ी

Acidic	अम्लीय
Aroma	सुगंध
Beverage	पेय
Bitter	कड़वा
Black	काला
Caffeine	कैफीन
Cream	मलाई
Cup	कप
Filter	छानना
Flavor	स्वाद
Grind	पीस
Liquid	तरल
Milk	दूध
Morning	सुबह
Origin	मूल
Price	कीमत
Roasted	भुना हुआ
Sugar	चीनी
Variety	ववििधिता
Water	पानी

Countries #1
देशों #1

Brazil	ब्राज़ील
Canada	कनाडा
Egypt	मस्रि
Finland	फनिलैंड
Germany	जर्मनी
Iraq	इराक
Israel	इजराइल
Italy	इटली
Latvia	लातवयि
Libya	लीबयि
Morocco	मोरक्को
Nicaragua	नकिारागुआ
Norway	नॉर्वे
Panama	पनामा
Poland	पोलैंड
Romania	रोमानयि
Senegal	सेनेगल
Spain	स्पेन
Venezuela	वेनेजुएला
Vietnam	वयितनाम

Countries #2
देशों #2

Albania	अल्बानयि
Denmark	डेनमार्क
Ethiopia	इथयिोपयि
Greece	यूनान
Haiti	हैती
Jamaica	जमैका
Japan	जापान
Laos	लाओस
Lebanon	लेबनान
Liberia	लाइबेरयि
Mexico	मेक्सकिो
Nepal	नेपाल
Nigeria	नाइजीरयि
Pakistan	पाकस्तिान
Russia	रूस
Somalia	सोमालयि
Sudan	सूडान
Syria	सीरयि
Uganda	युगांडा
Ukraine	यूक्रेन

Creativity
क्रएिटविटिी

Artistic	कलात्मक
Authenticity	प्रामाणकिता
Clarity	स्पष्टता
Dramatic	नाटकीय
Emotions	भावनाएँ
Expression	अभव्यिक्त
Fluidity	तरलता
Ideas	वचिारों
Image	छवि
Imagination	कल्पना
Impression	छाप
Inspiration	प्रेरणा
Intensity	तीव्रता
Intuition	सहज बोध
Inventive	आवष्किारशील
Sensation	सनसनी
Skill	कौशल
Spontaneous	सहज
Visions	दर्शन
Vitality	जीवन शक्ति

Dance
नृत्य

Academy	अकादमी
Art	कला
Body	शरीर
Choreography	नृत्यकला
Classical	शास्त्रीय
Cultural	सांस्कृतकि
Culture	संस्कृति
Emotion	भावना
Expressive	सूचक
Grace	कृपा
Joyful	हर्षति
Movement	गति
Music	संगीत
Partner	साथी
Posture	आसन
Rehearsal	रहिर्सल
Rhythm	ताल
Traditional	परंपरागत
Visual	दृश्य

Days and Months
दनि और महीने

April	अप्रैल
August	अगस्त
Calendar	कैलेंडर
February	फरवरी
Friday	शुक्रवार
January	जनवरी
July	जुलाई
March	मार्च
Monday	सोमवार
Month	महीना
November	नवंबर
October	अक्टूबर
Saturday	शनविार
September	सतिंबर
Sunday	रवविार
Thursday	गुरूवार
Tuesday	मंगलवार
Wednesday	बुधवार
Week	सप्ताह
Year	वर्ष

Diplomacy
कूटनीति

Adviser	सलाहकार
Ambassador	राजदूत
Citizens	नागरकिों
Civic	नागरकि
Community	समुदाय
Conflict	संघर्ष
Cooperation	सहयोग
Diplomatic	राजनयकि
Discussion	चर्चा
Embassy	दूतावास
Ethics	नीति
Government	सरकार
Humanitarian	मानवीय
Integrity	अखंडता
Justice	न्याय
Politics	राजनीति
Resolution	संकल्प
Security	सुरक्षा
Solution	समाधान
Treaty	संधि

Driving
ड्राइवगि

Accident	दुर्घटना
Brakes	ब्रेक
Car	कार
Danger	खतरा
Driver	चालक
Fuel	ईंधन
Garage	गैरेज
Gas	गैस
License	लाइसेंस
Map	नक्शा
Motor	मोटर
Motorcycle	मोटरसाइकलि
Pedestrian	पैदल यात्री
Police	पुलसि
Road	सड़क
Safety	सुरक्षा
Speed	गति
Traffic	यातायात
Truck	ट्रक
Tunnel	सुरंग

Electricity
बजिली

Battery	बैटरी
Bulb	बल्ब
Cable	केबल
Electric	बजिली
Electrician	बजिली कारीगर
Equipment	उपकरण
Generator	जनक
Lamp	दीपक
Laser	लेजर
Magnet	चुंबक
Negative	नकारात्मक
Network	नेटवर्क
Objects	वस्तुओं
Positive	सकारात्मक
Quantity	मात्रा
Socket	सॉकेट
Storage	भंडारण
Telephone	टेलीफोन
Television	टेलीवजिन
Wires	तारों

Energy
ऊर्जा

Battery	बैटरी
Carbon	कार्बन
Diesel	डीजल
Electric	बजिली
Electron	इलेक्ट्रॉन
Engine	इंजन
Entropy	उत्क्रम-माप
Environment	पर्यावरण
Fuel	ईंधन
Gasoline	गैसोलीन
Heat	गर्मी
Hydrogen	हाइड्रोजन
Industry	उद्योग
Motor	मोटर
Nuclear	नाभकिीय
Photon	फोटोन
Pollution	प्रदूषण
Renewable	अक्षय
Turbine	टरबाइन
Wind	हवा

Engineering
अभयिांत्रकिी

Angle	कोण
Axis	अक्ष
Calculation	गणना
Construction	नर्मिाण
Depth	गहराई
Diagram	आरेख
Diameter	व्यास
Diesel	डीजल
Distribution	वतिरण
Energy	ऊर्जा
Engine	इंजन
Gears	गयिर्स
Levers	लीवर
Liquid	तरल
Machine	मशीन
Measurement	माप
Motor	मोटर
Propulsion	प्रणोदन
Stability	स्थरिता
Structure	संरचना

Ethics
आचार

Altruism	परोपकारिता
Compassion	दया
Cooperation	सहयोग
Dignity	गौरव
Diplomatic	राजनयकि
Honesty	ईमानदारी
Humanity	मानवता
Individualism	व्यक्तविाद
Integrity	अखंडता
Kindness	दयालुता
Optimism	आशावाद
Patience	धैर्य
Philosophy	दर्शन
Rationality	चेतना
Realism	यथार्थवाद
Reasonable	उचति
Respectful	वनिीत
Tolerance	सहनशीलता
Values	मान
Wisdom	बुद्धि

Family
परविार

Ancestor	पूर्वज
Aunt	चाची
Brother	भाई
Child	बच्चा
Childhood	बचपन
Children	बच्चे
Cousin	चचेरा भाई
Daughter	बेटी
Father	पति
Grandfather	दादा
Grandson	पोता
Husband	पति
Maternal	मातृ
Mother	मां
Nephew	भतीजा
Niece	भतीजी
Paternal	पैतृक
Sister	बहन
Uncle	चाचा
Wife	बीवी

Farm #1
फार्म #1

Agriculture	कृषि
Bee	मधुमक्खी
Calf	बछड़ा
Cat	बल्लिी
Chicken	चकिन
Cow	गाय
Crow	कौआ
Dog	कुत्ता
Donkey	गधा
Fence	बाड़
Fertilizer	उर्वरक
Field	खेत
Flock	झुंड
Goat	बकरी
Hay	घास
Honey	शहद
Horse	घोड़ा
Rice	चावल
Seeds	बीज
Water	पानी

Farm #2
फार्म #2

Animals	जानवरों
Barley	जौ
Barn	खलहिान
Corn	मकई
Duck	बतख
Farmer	कसिान
Food	भोजन
Fruit	फल
Irrigation	सचिाई
Lamb	मेमना
Llama	लामा
Meadow	घास का मैदान
Milk	दूध
Orchard	फलोद्यान
Ripe	पका हुआ
Sheep	भेड़
Shepherd	चरवाहा
Tractor	ट्रैक्टर
Vegetable	सब्जी
Wheat	गेहूँ

Fashion
पहनावा

Affordable	सस्ती
Boutique	बुटीक
Buttons	बटन
Comfortable	आरामदायक
Elegant	सुरुचिपूर्ण
Embroidery	कढ़ाई
Expensive	महंगा
Fabric	कपड़े
Lace	फीता
Measurements	माप
Minimalist	न्यूनतम
Modern	आधुनिक
Modest	मामूली
Original	मूल
Pattern	पैटर्न
Practical	व्यावहारिक
Simple	सरल
Style	शैली
Texture	बनावट
Trend	ट्रेंड

Fishing
फशिगि

Bait	चारा
Basket	टोकरी
Beach	समुद्र तट
Boat	नाव
Cook	रसोइया
Equipment	उपकरण
Exaggeration	अतशियोक्ति
Fins	पंख
Gills	गलि्स
Hook	हुक
Jaw	जबड़ा
Lake	झील
Ocean	सागर
Patience	धैर्य
River	नदी
Scales	तराजू
Season	ऋतु
Water	पानी
Weight	वजन
Wire	तार

Food #1
खाना #1

Apricot	खुबानी
Barley	जौ
Basil	तुलसी
Carrot	गाजर
Cinnamon	दालचीनी
Garlic	लहसुन
Juice	रस
Lemon	नींबू
Milk	दूध
Onion	प्याज
Peanut	मूंगफली
Pear	नाशपाती
Salad	सलाद
Salt	नमक
Soup	सूप
Spinach	पालक
Strawberry	स्ट्रॉबेरी
Sugar	चीनी
Tuna	टूना
Turnip	शलजम

Food #2
खाना #2

Apple	सेब
Artichoke	हाथी चक
Banana	केला
Broccoli	ब्रोकोली
Celery	अजवाइन
Cheese	पनीर
Cherry	चेरी
Chicken	चकिन
Chocolate	चॉकलेट
Egg	अंडा
Eggplant	बैंगन
Fish	मछली
Grape	अंगूर
Ham	हैम
Kiwi	कीवी
Mushroom	मशरूम
Rice	चावल
Tomato	टमाटर
Wheat	गेहूँ
Yogurt	दही

Force and Gravity
बल और गुरुत्वाकर्षण

Axis	अक्ष
Center	केंद्र
Discovery	खोज
Distance	दूरी
Dynamic	गतशील
Expansion	वसि्तार
Friction	घर्षण
Impact	प्रभाव
Magnetism	चुंबकत्व
Mechanics	यांत्रकी
Motion	गति
Orbit	कक्षा
Physics	भौतिक वज्ञिान
Planets	ग्रहों
Pressure	दबाव
Properties	गुण
Speed	गति
Time	समय
Universal	सार्वभौमिक
Weight	वजन

Fruit
फ्रूट

Apple	सेब
Apricot	खुबानी
Avocado	एवोकाडो
Banana	केला
Berry	बेरी
Cherry	चेरी
Coconut	नारयिल
Fig	अंजीर
Grape	अंगूर
Guava	अमरूद
Kiwi	कीवी
Lemon	नींबू
Mango	आम
Melon	तरबूज
Nectarine	शफ़तालू
Papaya	पपीता
Peach	आड़ू
Pear	नाशपाती
Pineapple	अनन्नास
Raspberry	रसभरी

Garden
बगीचा

Bench	बेंच
Bush	बुश
Fence	बाड़
Flower	फूल
Garage	गैरेज
Garden	बगीचा
Grass	घास
Hammock	झूला
Hose	नली
Lawn	लॉन
Orchard	फलोद्यान
Pond	तालाब
Porch	बरामदा
Rake	रेक
Shovel	फावड़ा
Terrace	छत
Trampoline	ट्रेम्पोलनि
Tree	पेड़
Vine	बेल
Weeds	मातम

Gardening
बागवानी

Blossom	खलिना
Botanical	वानस्पतकि
Bouquet	गुलदस्ता
Climate	जलवायु
Compost	खाद
Container	कंटेनर
Dirt	गंदगी
Edible	खाद्य
Exotic	वदिशी
Floral	पुष्प
Foliage	पत्ते
Hose	नली
Leaf	पत्ता
Moisture	नमी
Orchard	फलोद्यान
Seasonal	मौसमी
Seeds	बीज
Species	प्रजातियां
Water	पानी

Geography
भूगोल

Altitude	ऊंचाई
Atlas	एटलस
City	शहर
Continent	महाद्वीप
Country	देश
Equator	भूमध्य रेखा
Hemisphere	गोलार्ध
Island	द्वीप
Latitude	अक्षांश
Map	नक्शा
Meridian	मध्याह्न
Mountain	पहाड़
North	उत्तर
Ocean	सागर
River	नदी
Sea	समुद्र
South	दक्षणि
Territory	क्षेत्र
West	पश्चमि
World	दुनयिा

Geology
भूवज्ञिान

Acid	एसडि
Calcium	कैल्शयिम
Cavern	गुफा
Continent	महाद्वीप
Coral	मूंगा
Crystals	क्रस्टिल
Cycles	चक्र
Earthquake	भूकंप
Erosion	कटाव
Fossil	जीवाश्म
Lava	लावा
Layer	परत
Minerals	खनजि
Molten	पघिला हुआ
Plateau	पठार
Quartz	क्वार्ट्ज
Salt	नमक
Stalactite	स्टैलेक्टटि
Stone	पत्थर
Volcano	ज्वालामुखी

Geometry
ज्यामतिि

Angle	कोण
Calculation	गणना
Circle	वृत्त
Curve	वक्र
Diameter	व्यास
Dimension	आयाम
Equation	समीकरण
Height	ऊंचाई
Horizontal	क्षैतजि
Logic	तर्क
Mass	मास
Median	माध्य
Number	संख्या
Parallel	समानांतर
Proportion	अनुपात
Segment	खंड
Surface	सतह
Symmetry	समरूपता
Theory	सद्धिांत
Triangle	त्रकिोण

Government
सरकार

Citizenship	नागरकिता
Civil	सविलि
Constitution	संवधिान
Democracy	लोकतंत्र
Discussion	चर्चा
District	जलिा
Equality	समानता
Independence	आजादी
Judicial	न्यायकि
Justice	न्याय
Law	कानून
Leader	नेता
Liberty	स्वतंत्रता
Monument	स्मारक
Nation	राष्ट्र
Peaceful	शांतपूिर्ण
Politics	राजनीतिि
Speech	भाषण
State	राज्य
Symbol	प्रतीक

Hair Types
बालों के प्रकार

Bald	गंजा
Black	काला
Blond	गोरा
Braided	लट
Brown	भूरा
Colored	रंगीन
Curls	कर्ल
Curly	घुंघराले
Dry	सूखा
Gray	धूसर
Healthy	स्वस्थ
Long	लंबा
Shiny	चमकदार
Short	कम
Silver	चाँदी
Soft	नरम
Thick	मोटा
Thin	पतला
Wavy	लहराती
White	सफेद

Health and Wellness #1
स्वास्थ्य और कल्याण #1

Active	सक्रयि
Bacteria	बैक्टीरयिा
Bones	हड्डयिों
Clinic	क्लनिकि
Doctor	चकित्सिक
Fracture	भंग
Habit	आदत
Height	ऊंचाई
Hormones	हार्मोन
Hunger	भूख
Medicine	दवा
Muscles	मांसपेशयिों
Nerves	नसों
Pharmacy	फार्मेसी
Reflex	पलटा
Relaxation	वश्रिाम
Skin	त्वचा
Therapy	चकित्सा
Treatment	उपचार
Virus	वाइरस

Health and Wellness #2
स्वास्थ्य और कल्याण #2

Allergy	एलर्जी
Anatomy	शरीर रचना
Appetite	भूख
Blood	रक्त
Calorie	कैलोरी
Dehydration	नर्जिलीकरण
Diet	आहार
Disease	रोग
Energy	ऊर्जा
Genetics	आनुवंशकिी
Healthy	स्वस्थ
Hospital	अस्पताल
Hygiene	स्वच्छता
Infection	संक्रमण
Massage	मालशि
Nutrition	पोषण
Recovery	वसूली
Stress	तनाव
Vitamin	वटिामनि
Weight	वजन

Herbalism
हर्बलज़्मि

Aromatic	खुशबूदार
Basil	तुलसी
Beneficial	लाभकारी
Culinary	पाक
Fennel	सौंफ
Flavor	स्वाद
Flower	फूल
Garden	बगीचा
Garlic	लहसुन
Green	हरा
Ingredient	घटक
Lavender	लैवेंडर
Marjoram	कुठरा
Mint	पुदीना
Parsley	अजमोद
Plant	पौधा
Quality	गुणवत्ता
Rosemary	दौनी
Saffron	केसर
Tarragon	तारगोन

Hiking
लंबी पैदल यात्रा

Animals	जानवरों
Boots	जूते
Camping	डेरा डालना
Cliff	चट्टान
Climate	जलवायु
Guides	गाइड
Hazards	खतरों
Heavy	भारी
Map	नक्शा
Mountain	पहाड़
Nature	प्रकृति
Orientation	अभवनि्यास
Parks	पार्क
Preparation	तैयारी
Stones	पत्थर
Summit	शखिर सम्मेलन
Sun	सूर्य
Tired	थक गया
Water	पानी
Wild	जंगली

House
हाउस

Attic	अटारी
Broom	झाड़ू
Curtains	पर्दे
Door	दरवाजा
Fence	बाड़
Fireplace	चमिनी
Floor	तल
Furniture	फर्नीचर
Garage	गैरेज
Garden	बगीचा
Keys	कुंजी
Kitchen	रसोई
Lamp	दीपक
Library	पुस्तकालय
Mirror	दर्पण
Roof	छत
Room	कक्ष
Shower	बौछार
Wall	दीवार
Window	खड़िकी

Human Body
मानव शरीर

Ankle	टखने
Blood	रक्त
Bones	हड्डियाँ
Brain	दमिाग
Chin	ठोड़ी
Ear	कान
Elbow	कोहनी
Face	चेहरा
Finger	उंगली
Hand	हाथ
Head	सरि
Heart	दलि
Jaw	जबड़ा
Knee	घुटना
Leg	टांग
Mouth	मुँह
Neck	गर्दन
Nose	नाक
Shoulder	कंधा
Skin	त्वचा

Jazz
जैज़

Album	एल्बम
Applause	वाहवाही
Artist	कलाकार
Composer	संगीतकार
Composition	रचना
Drums	ड्रम
Emphasis	ज़ोर
Famous	प्रसद्धि
Favorites	पसंदीदा
Improvisation	कामचलाऊ
Influences	प्रभाव
Music	संगीत
New	नया
Old	पुराना
Orchestra	ऑर्केस्ट्रा
Rhythm	ताल
Song	गीत
Style	शैली
Talent	प्रतभा
Technique	तकनीक

Kitchen
कचिन

Apron	एप्रन
Bowl	कटोरा
Chopsticks	चीनी काँटा
Cups	कप
Food	भोजन
Forks	कांटे
Freezer	फ्रीजर
Grill	ग्रलि
Jug	जग
Kettle	केतली
Knives	चाकू
Ladle	करछुल
Napkin	नैपकनि
Oven	ओवन
Recipe	वधि
Refrigerator	फ्रजि
Spices	मसाले
Sponge	स्पंज
Spoons	चम्मच

Landscapes
लैंडस्केप

Beach	समुद्र तट
Cave	गुफा
Cliff	चट्टान
Desert	रेगस्तिान
Glacier	ग्लेशयिर
Hill	पहाड़ी
Iceberg	हमिखंड
Island	द्वीप
Lake	झील
Mountain	पहाड़
Oasis	मरूद्यान
Ocean	सागर
Peninsula	प्रायद्वीप
River	नदी
Sea	समुद्र
Swamp	दलदल
Tundra	टुंड्रा
Valley	घाटी
Volcano	ज्वालामुखी
Waterfall	झरना

Literature
साहत्यि

Analogy	समानता
Analysis	वश्लिेषण
Anecdote	कस्सिा
Author	लेखक
Biography	जीवनी
Comparison	तुलना
Conclusion	नष्किर्ष
Description	ववरिण
Dialogue	संवाद
Fiction	कथा
Metaphor	रूपक
Narrator	कथावाचक
Novel	उपन्यास
Poem	कवति
Poetic	काव्यात्मक
Rhyme	तुक
Rhythm	ताल
Style	शैली
Theme	वषिय
Tragedy	त्रासदी

Mammals
स्तनधारी

Bear	भालू
Beaver	ऊदबलिाव
Bull	बुल
Cat	बल्लिी
Coyote	कोयोट
Dog	कुत्ता
Dolphin	डॉल्फनि
Elephant	हाथी
Fox	लोमड़ी
Giraffe	जरिाफ़
Gorilla	गोरल्लिा
Horse	घोड़ा
Kangaroo	कंगारू
Lion	शेर
Monkey	बंदर
Rabbit	खरगोश
Sheep	भेड़
Whale	व्हेल
Wolf	भेड़यि
Zebra	ज़ेबरा

Math
गणति

Angles	कोण
Arithmetic	अंकगणति
Circumference	परधि
Decimal	दशमलव
Diameter	व्यास
Division	वभिाजन
Equation	समीकरण
Exponent	प्रतपिादक
Fraction	अंश
Geometry	ज्यामति
Numbers	संख्याएँ
Parallel	समानांतर
Polygon	बहुभुज
Radius	त्रज्यिा
Rectangle	आयत
Square	वर्ग
Sum	योग
Symmetry	समरूपता
Triangle	त्रकिोण
Volume	आयतन

Measurements
मापन

Byte	बाइट
Centimeter	सेंटीमीटर
Decimal	दशमलव
Degree	डग्रिी
Depth	गहराई
Gram	ग्राम
Height	ऊंचाई
Inch	इंच
Kilogram	कलिोग्राम
Kilometer	कलिोमीटर
Length	लंबाई
Liter	लीटर
Mass	मास
Meter	मीटर
Minute	मनिट
Ounce	औंस
Ton	टन
Volume	आयतन
Weight	वजन
Width	चौड़ाई

Meditation
ध्यान

Acceptance	स्वीकृत
Attention	ध्यान
Awake	जाग
Breathing	श्वास
Calm	शांत
Clarity	स्पष्टता
Compassion	दया
Emotions	भावनाएँ
Gratitude	कृतज्ञता
Habits	आदतें
Kindness	दयालुता
Mental	मानसकि
Mind	मन
Movement	गत
Music	संगीत
Nature	प्रकृत
Peace	शांत
Perspective	परप्रिेक्ष्य
Silence	मौन
Thoughts	वचिार

Money
मनी

Bank	बैंक
Budget	बजट
Cash	नकद
Cheap	सस्ता
Credit	उधार
Currency	मुद्रा
Debt	ऋण
Discount	छूट
Earnings	कमाई
Economics	अर्थशास्त्र
Economy	अर्थव्यवस्था
Expense	व्यय
Finance	वत्ति
Funds	धन
Income	आय
Sales	बक्रिी
Savings	बचत
Taxes	करों
Wallet	बटुआ

Music
संगीत

Album	एल्बम
Ballad	गाथागीत
Chorus	कोरस
Classical	शास्त्रीय
Harmonic	सुसंगत
Harmony	सद्भाव
Instrument	साधन
Lyrical	गीतात्मक
Melody	राग
Microphone	माइक्रोफोन
Musical	संगीत
Musician	संगीतकार
Opera	ओपेरा
Poetic	काव्यात्मक
Recording	रकिॉर्डगि
Rhythm	ताल
Rhythmic	तालबद्ध
Sing	गाना
Singer	गायक
Vocal	स्वर

Mythology
पौराणकि कथाएं

Archetype	मूलरूप आदर्श
Behavior	व्यवहार
Beliefs	वश्विासों
Creation	सृजन
Creature	जंतु
Culture	संस्कृत
Deities	देवता
Disaster	आपदा
Heaven	स्वर्ग
Hero	नायक
Immortality	अमरता
Jealousy	ईर्ष्या
Labyrinth	भूलभुलैया
Legend	दंतकथा
Lightning	बजिली
Monster	राक्षस
Mortal	नश्वर
Revenge	बदला
Thunder	गरज
Warrior	योद्धा

Nature
प्रकृति

Animals	जानवरों
Arctic	आर्कटकि
Beauty	सुंदरता
Bees	मधुमक्खियाँ
Cliffs	चट्टानों
Clouds	बादल
Desert	रेगस्तिान
Dynamic	गतशिील
Erosion	कटाव
Fog	कोहरा
Foliage	पत्ते
Forest	वन
Glacier	ग्लेशयिर
Peaceful	शांतपूिर्ण
River	नदी
Sanctuary	अभयारण्य
Serene	नर्मिल
Tropical	उष्णकटबिंधीय
Vital	महत्वपूर्ण
Wild	जंगली

Numbers
संख्याएँ

Decimal	दशमलव
Eight	आठ
Eighteen	अठारह
Fifteen	पंद्रह
Five	पांच
Four	चार
Fourteen	चौदह
Nine	नौ
Nineteen	उन्नीस
One	एक
Seven	सात
Seventeen	सत्रह
Six	छह
Sixteen	सोलह
Ten	दस
Thirteen	तेरह
Three	तीन
Twelve	बारह
Twenty	बीस
Two	दो

Nutrition
पोषाहार

Appetite	भूख
Balanced	संतुलति
Bitter	कड़वा
Calories	कैलोरी
Diet	आहार
Digestion	पाचन
Edible	खाद्य
Fermentation	कण्विन
Flavor	स्वाद
Habits	आदतें
Health	स्वास्थ्य
Healthy	स्वस्थ
Liquids	तरल पदार्थ
Nutrient	पुष्टकिर
Proteins	प्रोटीन
Quality	गुणवत्ता
Sauce	चटनी
Toxin	वषि
Vitamin	वटिामनि
Weight	वजन

Ocean
सागर

Algae	शैवाल
Coral	मूंगा
Crab	केकड़ा
Dolphin	डॉल्फनि
Fish	मछली
Jellyfish	जेलफ़िशि
Octopus	ऑक्टोपस
Oyster	सीप
Reef	चट्टान
Salt	नमक
Seaweed	समुद्री शैवाल
Shark	शार्क
Shrimp	झींगा
Sponge	स्पंज
Storm	आंधी
Tides	ज्वार
Tuna	टूना
Turtle	कछुआ
Waves	लहरें
Whale	व्हेल

Philanthropy
परोपकार

Challenges	चुनौतियाँ
Charity	दान
Children	बच्चे
Community	समुदाय
Contacts	संपर्क
Donate	दान करना
Finance	वत्ति
Funds	धन
Generosity	उदारता
Global	वैश्वकि
Goals	लक्ष्य
Groups	समूह
History	इतहिास
Honesty	ईमानदारी
Humanity	मानवता
Mission	मशिन
People	लोग
Programs	कार्यक्रमों
Public	सार्वजनकि
Youth	युवा

Photography
फोटोग्राफी

Black	काला
Camera	कैमरा
Color	रंग
Composition	रचना
Contrast	अंतर
Darkness	अंधेरा
Definition	परभिाषा
Exhibition	प्रदर्शनी
Format	प्रारूप
Frame	ढांचा
Lighting	प्रकाश
Object	वस्तु
Perspective	परप्रिेक्ष्य
Portrait	चत्रि
Shadows	छाया
Soften	नरम
Subject	वषिय
Texture	बनावट
Visual	दृश्य

Physics
भौतकि वज्ञािन

Acceleration	त्वरण
Atom	परमाणु
Chaos	अराजकता
Chemical	रासायनकि
Density	घनत्व
Electron	इलेक्ट्रॉन
Engine	इंजन
Formula	सूत्र
Frequency	आवृत्तर्ि
Gas	गैस
Magnetism	चुंबकत्व
Mass	मास
Mechanics	यांत्रकिी
Molecule	अणु
Nuclear	नाभकिीय
Particle	कण
Relativity	सापेक्षता
Speed	गतर्ि
Universal	सार्वभौमकि
Velocity	वेग

Plants
पौधे

Bamboo	बांस
Bean	सेम
Berry	बेरी
Blossom	खलिना
Bush	बुश
Cactus	कैक्टस
Fertilizer	उर्वरक
Flower	फूल
Foliage	पत्ते
Forest	वन
Garden	बगीचा
Grass	घास
Grow	बढ़ना
Ivy	आइवी
Moss	काई
Petal	पत्ती
Root	जड़
Stem	तना
Tree	पेड़
Vegetation	वनस्पतर्ि

Professions #1
व्यवसाय #1

Ambassador	राजदूत
Astronomer	खगोल वज्ञिानी
Attorney	वकील
Banker	बैंकर
Cartographer	मानचत्रिकार
Coach	कोच
Dancer	नर्तकी
Doctor	चकित्सिक
Editor	संपादक
Geologist	भूवज्ञिानी
Hunter	शकिारी
Jeweler	जौहरी
Musician	संगीतकार
Nurse	नर्स
Pianist	पयिानोवादक
Plumber	नलसाज़
Psychologist	मनोवैज्ञानकि
Sailor	नावकि
Tailor	दर्जी
Veterinarian	पशु चकित्सिक

Professions #2
व्यवसाय #2

Biologist	जीववज्ञिानी
Dentist	दंत चकित्सिक
Detective	जासूस
Engineer	इंजीनयिर
Farmer	कसिान
Gardener	माली
Illustrator	इलस्ट्रेटर
Inventor	आवष्किारक
Journalist	पत्रकार
Librarian	लाइब्रेरयिन
Linguist	बहुभाषी
Painter	चत्रिकार
Philosopher	दार्शनकि
Photographer	फोटोग्राफर
Physician	चकित्सिक
Pilot	पायलट
Researcher	शोधकर्ता
Surgeon	सर्जन
Teacher	शक्षिक
Zoologist	जूलॉजस्टि

Psychology
मनोवज्ञिान

Appointment	नयिुक्तर्ि
Assessment	मूल्यांकन
Behavior	व्यवहार
Childhood	बचपन
Clinical	नैदानकि
Conflict	संघर्ष
Dreams	सपने
Ego	अहंकार
Emotions	भावनाएँ
Experiences	अनुभव
Ideas	वचिारों
Influences	प्रभाव
Perception	अनुभूतर्ि
Personality	व्यक्तत्वि
Problem	संकट
Reality	वास्तवकिता
Sensation	सनसनी
Therapy	चकित्सिा
Thoughts	वचिार
Unconscious	बेहोश

Rainforest
वर्षावन

Amphibians	उभयचर
Birds	पक्षी
Botanical	वानस्पतकि
Climate	जलवायु
Clouds	बादल
Community	समुदाय
Diversity	ववििधिता
Indigenous	स्वदेशी
Insects	कीड़े
Jungle	जंगल
Mammals	स्तनधारी
Moss	काई
Nature	प्रकृतर्ि
Preservation	संरक्षण
Refuge	शरण
Respect	आदर
Restoration	बहाली
Species	प्रजातयिां
Survival	उत्तरजीवतिा
Valuable	मूल्यवान

Restaurant #2
रेस्टोरेंट #2

Beverage	पेय
Cake	केक
Chair	कुर्सी
Delicious	स्वादष्टि
Dinner	रात का खाना
Eggs	अंडे
Fish	मछली
Fork	कांटा
Fruit	फल
Ice	बर्फ
Lunch	दोपहर का भोजन
Noodles	नूडल्स
Salad	सलाद
Salt	नमक
Soup	सूप
Spices	मसाले
Spoon	चम्मच
Vegetables	सब्जियां
Waiter	वेटर
Water	पानी

Science
वज्ञिान

Atom	परमाणु
Chemical	रासायनकि
Climate	जलवायु
Data	डेटा
Evolution	वकिास
Experiment	प्रयोग
Fact	तथ्य
Fossil	जीवाश्म
Gravity	गुरुत्वाकर्षण
Hypothesis	परकिल्पना
Laboratory	प्रयोगशाला
Method	तरीका
Minerals	खनजि
Molecules	अणुओं
Nature	प्रकृति
Organism	जीव
Particles	कण
Physics	भौतकि वज्ञिान
Plants	पौधे
Scientist	वैज्ञानकि

Science Fiction
कल्पति वज्ञिान

Atomic	परमाणु
Books	पुस्तकें
Chemicals	रसायन
Cinema	सनिमा
Dystopia	डायस्टोपयि
Explosion	वस्फिोट
Extreme	चरम
Fantastic	शानदार
Fire	आग
Futuristic	फ्यूचरस्टिकि
Galaxy	आकाशगंगा
Illusion	भ्रम
Imaginary	काल्पनकि
Mysterious	रहस्यमय
Oracle	आकाशवाणी
Planet	ग्रह
Robots	रोबोट
Technology	प्रौद्योगकिी
Utopia	आदर्शलोक
World	दुनयि

Scientific Disciplines
वैज्ञानकि अनुशासन

Anatomy	शरीर रचना
Archaeology	पुरातत्व
Astronomy	खगोल वज्ञिान
Biochemistry	जीव रसायन
Biology	जीववज्ञिान
Chemistry	रसायन वज्ञिान
Ecology	पारस्थितिकिी
Geology	भूवज्ञिान
Immunology	इम्यूनोलॉजी
Kinesiology	काइन्सयिोलॉजी
Linguistics	भाषावज्ञिान
Mechanics	यांत्रकिी
Meteorology	मौसम वज्ञिान
Mineralogy	खनजि वद्यिा
Nutrition	पोषण
Physiology	फजियिोलॉजी
Psychology	मनोवज्ञिान
Robotics	रोबोटक्सि
Sociology	समाज शास्त्र
Thermodynamics	ऊष्मप्रवैगकिी

Spices
मसाले

Bitter	कड़वा
Cardamom	इलायची
Cinnamon	दालचीनी
Clove	लौंग
Coriander	धनयि
Cumin	जीरा
Curry	करी
Fennel	सौंफ
Fenugreek	मेथी
Flavor	स्वाद
Garlic	लहसुन
Ginger	अदरक
Licorice	नद्यपान
Nutmeg	जायफल
Onion	प्याज
Pepper	मर्चि
Saffron	केसर
Salt	नमक
Sweet	मठिाई
Vanilla	वनीला

Sport
खेल

Ability	क्षमता
Athlete	खलिाड़ी
Body	शरीर
Bones	हड्डयिँ
Cardiovascular	हृदय
Coach	कोच
Cycling	साइकलि चलाना
Dancing	नृत्य
Diet	आहार
Endurance	सहन
Goal	लक्ष्य
Health	स्वास्थ्य
Jogging	टहलना
Maximize	अधकितम
Metabolic	चयापचय
Muscles	मांसपेशयिँ
Nutrition	पोषण
Program	कार्यक्रम
Sports	खेल
Strength	ताकत

Technology
प्रौद्योगिकी

Blog	ब्लॉग
Browser	ब्राउज़र
Bytes	बाइट्स
Camera	कैमरा
Computer	संगणक
Cursor	कर्सर
Data	डेटा
Digital	डिजिटिल
Display	प्रदर्शन
File	फ़ाइल
Font	फ़ॉन्ट
Internet	इंटरनेट
Message	संदेश
Research	अनुसंधान
Screen	स्क्रीन
Security	सुरक्षा
Software	सॉफ्टवेयर
Statistics	सांख्यिकी
Virtual	आभासी
Virus	वाइरस

The Company
द कम्पनी

Business	व्यापार
Creative	रचनात्मक
Decision	निर्णय
Employment	रोजगार
Global	वैश्विक
Industry	उद्योग
Innovative	अभिनव
Investment	निवेश
Possibility	संभावना
Presentation	प्रस्तुति
Product	उत्पाद
Professional	पेशेवर
Progress	प्रगति
Quality	गुणवत्ता
Reputation	प्रतिष्ठा
Resources	संसाधन
Revenue	राजस्व
Risks	जोखिम
Trends	रुझान
Units	इकाइयों

The Media
द मीडिया

Advertisements	विज्ञापन
Attitudes	दृष्टकोण
Commercial	वाणज्यिकि
Communication	संचार
Digital	डिजिटिल
Edition	संस्करण
Education	शक्षिा
Facts	तथ्य
Individual	व्यक्ति
Industry	उद्योग
Intellectual	बौद्धिक
Local	स्थानीय
Magazines	पत्रिकाओं
Network	नेटवर्क
Newspapers	समाचार पत्र
Online	ऑनलाइन
Opinion	राय
Photos	तस्वीरें
Public	सार्वजनिक
Radio	रेडियो

Time
टाइम

Annual	वार्षिक
Before	इससे पहले
Calendar	कैलेंडर
Century	सदी
Clock	घड़ी
Day	दिन
Decade	दशक
Early	जल्दी
Future	भविष्य
Hour	घंटा
Minute	मिनट
Month	महीना
Morning	सुबह
Night	रात
Noon	दोपहर
Now	अब
Soon	जल्द ही
Today	आज
Week	सप्ताह
Year	वर्ष

Town
नगर

Airport	हवाई अड्डा
Bakery	बेकरी
Bank	बैंक
Cinema	सिनेमा
Clinic	क्लिनिक
Florist	फूलवाला
Gallery	गैलरी
Hotel	होटल
Library	पुस्तकालय
Market	बाजार
Museum	संग्रहालय
Pharmacy	फार्मेसी
Restaurant	भोजनालय
School	स्कूल
Stadium	स्टेडियम
Store	दुकान
Supermarket	सुपरमार्केट
Theater	थिएटर
University	विश्वविद्यालय
Zoo	चिड़ियाघर

Universe
यूनिवर्स

Asteroid	क्षुद्रग्रह
Astronomer	खगोल विज्ञानी
Astronomy	खगोल विज्ञान
Atmosphere	वायुमंडल
Celestial	आकाशीय
Cosmic	लौकिक
Darkness	अंधेरा
Eon	कल्प
Galaxy	आकाशगंगा
Hemisphere	गोलार्ध
Horizon	क्षितिज
Latitude	अक्षांश
Moon	चाँद
Orbit	कक्षा
Sky	आकाश
Solar	सौर
Solstice	संक्रांति
Telescope	दूरबीन
Visible	दृश्यमान
Zodiac	राशि

Vacation #2
अवकाश #2

Airport	हवाई अड्डा
Beach	समुद्र तट
Camping	डेरा डालना
Destination	गंतव्य
Foreign	वदिश
Foreigner	वदिशी
Holiday	छुट्टी
Hotel	होटल
Island	द्वीप
Journey	यात्रा
Leisure	अवकाश
Map	नक्शा
Mountains	पहाड़ों
Passport	पासपोर्ट
Sea	समुद्र
Taxi	टैक्सी
Tent	तंबू
Train	ट्रेन
Transportation	परविहन
Visa	वीजा

Vegetables
सब्जयिां

Artichoke	हाथी चक
Broccoli	ब्रोकोली
Carrot	गाजर
Cauliflower	फूलगोभी
Celery	अजवाइन
Cucumber	खीरा
Eggplant	बैंगन
Garlic	लहसुन
Ginger	अदरक
Mushroom	मशरूम
Olive	जैतून
Onion	प्याज
Parsley	अजमोद
Pea	मटर
Pumpkin	कद्दू
Radish	मूली
Salad	सलाद
Spinach	पालक
Tomato	टमाटर
Turnip	शलजम

Vehicles
वाहन

Airplane	वमिान
Ambulance	रोगी वाहन
Bicycle	साइकलि
Boat	नाव
Bus	बस
Car	कार
Caravan	कारवां
Engine	इंजन
Ferry	नौका
Helicopter	हेलीकॉप्टर
Motor	मोटर
Raft	बेड़ा
Rocket	रॉकेट
Scooter	स्कूटर
Submarine	पनडुब्बी
Subway	भूमगित मार्ग
Taxi	टैक्सी
Tires	टायर
Tractor	ट्रैक्टर
Truck	ट्रक

Weather
मौसम

Atmosphere	वायुमंडल
Calm	शांत
Climate	जलवायु
Cloud	बादल
Dry	सूखा
Flood	बाढ़
Fog	कोहरा
Hurricane	तूफान
Ice	बर्फ
Lightning	बजिली
Monsoon	मानसून
Polar	ध्रुवीय
Rainbow	इंद्रधनुष
Sky	आकाश
Storm	आंधी
Temperature	तापमान
Thunder	गरज
Tornado	बवंडर
Tropical	उष्णकटबिंधीय
Wind	हवा

Congratulations

You made it!

We hope you enjoyed this book as much as we enjoyed making it. We do our best to make high quality games.
These puzzles are designed in a clever way for you to learn actively while having fun!

Did you love them?

A Simple Request

Our books exist thanks your reviews. Could you help us by leaving one now?

Here is a short link which will take you to your order review page:

BestBooksActivity.com/Review50

MONSTER CHALLENGE!

Challenge #1

Ready for Your Bonus Game? We use them all the time but they are not so easy to find. Here are **Synonyms**!

Note 5 words you discovered in each of the Puzzles noted below (#21, #36, #76) and try to find 2 synonyms for each word.

Note 5 Words from ***Puzzle 21***

Words	Synonym 1	Synonym 2

Note 5 Words from ***Puzzle 36***

Words	Synonym 1	Synonym 2

Note 5 Words from ***Puzzle 76***

Words	Synonym 1	Synonym 2

Challenge #2

Now that you are warmed-up, note 5 words you discovered in each Puzzle noted below (#9, #17, #25) and try to find 2 antonyms for each word. How many lines can you do in 20 minutes?

*Note 5 Words from **Puzzle 9***

Words	Antonym 1	Antonym 2

*Note 5 Words from **Puzzle 17***

Words	Antonym 1	Antonym 2

*Note 5 Words from **Puzzle 25***

Words	Antonym 1	Antonym 2

Challenge #3

Wonderful, this monster  challenge is nothing to you!

Ready for the last one? Choose your 10 favorite words discovered in any of the Puzzles and note them below.

1.	6.
2.	7.
3.	8.
4.	9.
5.	10.

Now, using these words and within a maximum of six sentences, your challenge is to compose a text about a person, animal or place that you love!

Tip: You can use the last blank page of this book as a draft!

Your Writing:

NOTEBOOK:

SEE YOU SOON!

Linguas Classics Team

www.ingramcontent.com/pod-product-compliance
Lightning Source LLC
LaVergne TN
LVHW060040210926
848481LV00013B/3912
* 9 7 9 8 3 4 9 0 1 2 9 2 1 *